신지학의 대양

THE OCEAN OF THEOSOPHY

윌리암 Q. 젓지 지음
스로타파티 옮김

차 례

서 문   5

1 장   신지학과 대스승   7

2 장   일반 원리   27

3 장   지구 체인   40

4 장   인간의 칠중 구조   49

5 장   육체와 아스트랄체   58

6 장   카마 – 욕망   75

7 장   마나스 – 마인드   86

8 장   윤회에 대하여   98

9 장   윤회 (계속)   113

10 장   윤회를 지지하는 논거들   127

11 장   카르마   142

12 장   카마 로카   160

13 장   데봐찬   176

14 장   주기   189

15 장   종의 분화 – 잃어버린 고리   204

16 장   심령 법칙, 힘 그리고 현상   216

17 장   심령 현상과 심령주의   234

윌리암 Q. 젓지 소개   247

서 문

보통의 독자가 이해할 수 있도록 신지학에 대하여 쓰는 것이 본서에서 시도한 것이다. 저자의 지식을 바탕으로 대담한 진술을 하였으며, 동시에 저자만이 거기에 쓰여 있는 것에 대하여 책임이 있다는 것을 분명하게 이해하길 바란다: 신지학회나 그 회원들 어느 누구도 본서에서 말한 것과 아무런 관련이 없다. 모든 장에 스며들이가 있을 수 있는 안정된 확신의 톤은 도그마나 자만의 결과가 아니라, 증거와 경험을 토대로 한 지식에서 흘러나온 것이다.

신지학회 회원들은 본서에서 어떤 이론이나 가르침으로 깊이 들어가지 않았다는 것을 알아차릴 것이다. 그 이유는 그 주제가 과도하게 확장되어 불필요한 논란을 불러일으키지 않은 채 다뤄질 수 없기 때문이다.

의지의 주제가 아무 관심을 받지 못했다. 왜냐하면 그 힘 혹은 기능이 숨겨져 있고, 섬세하며, 본질을 발견할 수 없고, 영향에서만 볼 수 있기 때문이다. 그것이 절대적으로 무채색이고, 그 뒤에 있는 욕망에 따라서 도덕적 특질이 다양하기 때문에, 그리고 그것은 우리의 지식 없이 작용하고, 인간계 아래 모든 왕국에서 작동하기 때문에, 영(Spirit) 그리고 욕망과 분리된 채

그것을 조사하려고 시도하는 것으로 아무것도 얻는 것이
없을 것이다.

나는 본서에 대한 독창성을 주장하지 않는다. 나는 본서
어느 것도 발명한 것이 아니고, 발견한 것도 아니며,
내가 배운 것과 나에게 증명된 것을 그냥 쓴 것이다.
그러므로 나는 이전부터 알려져 왔던 것을 전해주는
것뿐이다.

윌리암 Q. 젓지
1893년 5월 뉴욕.

1 장 신지학과 대스승

신지학은 진화해 가는 의식을 가진 존재들의 영역 전체에 펼쳐져 있는 지식의 바다이다. 이 바다 가장 깊은 곳은 끝이 없어서 가장 위대한 지성을 가진 사람이라도 최대의 노력을 기울여야 하지만, 그 가장자리는 충분히 얕기 때문에 어린아이라도 쉽게 이해할 수 있을 것이다. 신지힉은 모든 사물과 모든 존재 안에 신이 깃들어 있다고 믿는 사람에게는 신에 관한 지혜이고, 신은 가늠되거나 발견될 수 없으며 그의 장막 주위는 어둠으로 가득 차 있다는 기독교 성서에 있는 명제를 받아들이는 사람에게는 자연에 관한 지혜이다. 신지학은 어원상 "신"이라는 이름을 포함하고 있기 때문에 처음에는 종교만을 다루는 것처럼 생각될 수 있으나 과학을 무시하지 않는다. 오히려 신지학이야말로 과학 중의 과학이며 그렇기 때문에 지혜-종교(Wisdom-Religion)라고 불러왔다. 눈에 보이건 보이지 않건 자연의 어느 부분도 제외시켜서는 완전한 과학이라고 말할 수 없을 것이다. 또한 자신들이 가정한 계시에만 의존하여 사물과 사물을 지배하는 법칙을 무시하는 종교라면 그것은 하나의 환상에 지나지 않으며, 발전의 적이고, 행복을 추구하는 인간의 진보를 방해하는 장애물이다. 과학 요소와 종교 요소를 모두 포괄하는 신지학이야말로 과학적인 종교요, 종교적인 과학이다.

신지학은 사람이 만들어 낸 믿음이나 교리가 아니다. 그것은 자연과 인간의 육체적, 아스트랄적, 심령적, 그리고 지성적인 요소들의 진화를 지배하는 법칙에 관한 지식이다. 오늘날 종교는 단지 인위적인 교리들의 집합으로서 그들이 주장하는 윤리의 과학적인 근거도 가지고 있지 않다. 한편, 현재 과학은 보이지 않는 것을 무시하고, 사람 안에 있는 인식 능력의 완전한 체계가 내재한다는 것을 인정하지 않음으로써, 유형의 가시적인 세계 안에 엄연히 존재하는 엄청난 실재 영역으로부터 괴리되어 있다. 그러나 전체는 가시적인 세계와 비가시적인 세계로 구성되어 있다는 것을 알고 있으며, 외부 사물과 대상은 단지 일시적인 것에 불과하다는 것을 인지하기 때문에, 신지학은 내적 외적인 자연의 사실을 정확하게 이해한다. 그렇기 때문에 신지학은 그 자체로 완전하며, 풀리지 않는 신비는 없다고 본다. 신지학은 우연의 일치라는 말을 사전에서 빼버렸으며, 모든 사물과 모든 상황에 동일한 법칙이 적용된다고 주장한다.

인간은 불멸의 혼을 가지고 있다는 것이 인류의 공통된 믿음이다. 여기에다 사람 자체가 "혼"이라고 신지학은 말한다. 더 나아가 모든 자연은 의식(지각)이 있다는 것, 다양한 사물과 인간은 우연히 한군데 모인 원자들의 단순한 집합체로서 (진화의) 법칙의 적용을 받는 것이 아니라, 가장 작은 원자에 이르기까지 모든 것은 전체 안에 내재한 법칙의 적용을 받으며 영원히 진화하는 혼이요 영이라고 말한다. 그리고 옛 현인들이 가르쳤듯이 신지학도 가르친다. 진화 과정은 혼의 드라마이고, 자연은 다름아닌 바로 혼이 경험을 하기 위해서 존재한다는 것을 가르친다. 이 우주에는 인간의 지성이 검정 풍뎅이 지성보다 뛰어난 만큼, 인간의 지성보다 뛰어난 지성을 가진 존재가 반드시 있어야 하며, 이 존재들은 자연계 질서를 통치하는 역할을 수행한다는 헉슬리 교수의 주장에 신지학은 동의한다. 신지학자들은 그들 스승에 대한 신뢰를 바탕으로 여기서 더 나아가, 이러한 지성을 가진 존재들은 한때 인간이었고 우리 인간처럼 그 이전 세계로부터 (진화해) 왔다는 것, 그들은 그 이전 세계에서 지금 우리가 살고 있는 세계와 마찬가지로 여러 가지 경험을 할 수 있었다는 것을 주장한다. 그러므로 우리가 이 지구에 태어난 것은 지금 처음으로 나타났음을 의미하는 것이 아니다. 우리는 지금까지 여러 천체계에서 오랫동안 수많은 육체적 지성적 활동을 추구해 왔으며, 몇몇 천체계는 태양계가 형성되기 훨씬 이전에 이미 사라졌다. 이러한 엄청난 진화 체계는 지금 우리가 살고 있는 이 지구는 이 지구를 탄생시키기 위하여 자신의 에너지를 남기고 오래 전에 사라진 어떤 다른 행성의 활동과 진화의 결과라는 것, 그 행성 거주자들 자신은 예정된 일을 진행시키기 위하여 보다 오래된 어떤 세계로부터 그곳으로 왔다는 것을 의미한다. 금성 같이 더 밝은 행성에는 더욱 진화된 실체들이 살고 있다. 그들은 한 때는 우리처럼 낮은 단계에 있었으나 지금은 우리의 지성으로는 이해할 수 없는 영광스러운 위치까지 올라가 있다.

우주에서 가장 지성적인 존재인 인간은, 그러고 보면, 항상 친구들이 있었던 셈인데, 특히 보다 덜 진화된 존재들의 진화 과정을 끊임없이 돌보아 주고, 수많은 세월에 걸쳐서 숱한 시련과 경험을 통하여 얻은 지식을 보전하며, 이 지구나 다른 천체에서 발전해가는 인종의 지성을 끌어 모아 혼의 운명에 관한 위대한 진리를 고찰할 수 있는 기회를 구하는 일단의 스승들을 가지고 있다. 이 스승들은 자연의 모든 분야의 법칙에 관하여 그들이 얻은 지식을 보전하고 있으며, 주기의 법칙이 허용할 때에는 인류를 위하여 그 지식을 활용할 준비가 되어 있다. 그들은 언제나 하나의 몸통으로 존재해 왔으며, 누가 어디에 있건 서로가 서로를 다 알고 있고, 모두가 여러 가지 다양한 방법으로 인류를 위해서 일하고 있다. 어떤 시기에 그들은 사람들에게도 잘 알려져 있었고, 사회 조직, 도덕 수준 및 국가의 발전 정도가 허락할 때마다 일반 대중 사이에서 활동하였다. 그들이 공공연히 나타나 사방에 알려지게 되면 어떤 사람들은 그들을 신으로 숭배할 것이고, 다른 사람들은 그들을 악마로 볼 것이다. 그들이 우리 사이에 나타난 경우, 몇몇은 인류 지배자로, 몇몇은 스승으로, 몇몇은 위대한 철학자로 활동하였는데, 한편 아직도 가장 진화된 사람들을 제외하고는 여전히 알려지지 않은 채 남아있는 분들도 있다.

거의 전적으로 돈, 명예, 영광 그리고 개성에만 의존하는 현대 문명에서 그들이 모습을 드러내는 것은 그들이 가진 목적에 위배될 것이다. 그분들 중 한 분이 말씀하였듯이, 이 시대는 과도기로서, 모든 사상, 과학, 종교, 정부 그리고 사회가 변화하고 있으며, 이 스승들이 우리에게 그들의 실제 모습을 드러내기에 적합한 수준까지 사람의 마인드가 진화할 수 있도록 허용되는 상태로 이전해 갈 준비를 하고 있다. 그들이야말로 모든 시대에 존재하는 진리의 횃불을 밝히는 자들이라고 부를 수 있다. 그들은 모든 존재와 사물에 대하여 연구한다. 그들은 인간의 가장 내면의 모습을 알며 인간의 능력과 운명을 이해한다. 그리고 인간이 태어나기 전의 상태와 육체가 죽은 후의 상태를 안다. 그들은 국가들의 요람 곁에 있었고, 고대 문명의 융기를 지켜보았으며, 흥망성쇠의 주기의 법칙에 저항할 힘을 가지지 못했던 자들이 멸망해 가는 것을 슬픈 눈으로 바라보았다. 대재앙이 예술, 건축, 종교 및 철학을 송두리째 파괴하는 것처럼 보였을 때, 그들은 그 기록을 인간이나 시간이 파괴하지 못하도록 안전한 곳에 보전하였다. 그들 사이에서 훈련된 심령 능력을 통하여 자연과 마인드의 보이지 않는 영역까지 세세하게 관찰하여, 그것들을 기록하고 보존하였다. 그들은 소리와 색깔의 신비를 밝혀냈는데, 이를 통해서만 물질의 배후에 가려져 있는 정령과 대화를 나눌 수 있다. 그래서 그들은 왜 비가 내리는지 무엇을 위해 내리는지, 지구에 구멍이 나 있는지 아닌지, 무엇이 바람을 불게 하고 빛이 빛나게 하는지 안다. 그리고 무엇보다도 그들은 시간의 궁극 단위는 무엇인지, 그리고 주기의 의미가 무엇이고 언제 발생하는지 아는데, 이 지식이야말로 자연의 근본 그 자체에 관한 지식이다.

그런데 신문도 읽고 근대 발전을 신봉하는 19세기의 바쁜 사람이 다음과 같은 질문을 던졌다: 만약 이 스승들이 정말로 당신이 주장하는 것과 같은 사람들이라면 왜 역사에 아무런 흔적을 남기지 않았으며 그들 주위에 사람들을 끌어 모으지 않았는가? 이 질문에 대해서는 A.P. 씨네트 씨가 발간한 스승들 자신의 답변을 듣는 것이 어떤 답변보다 나을 것이다.

"당신이 괜찮다면 우리는 먼저 형제단이 세계 역사에 어떠한 흔적도 남기지 않았다는 주장에 대해 논하겠다. 이렇게 특별한 능력을 가진 그들이므로 틀림없이 모든 인종 중에서 보다 발달한 능력을 가진 많은 사람들을 그들 그룹 안에 끌어들일 수 있었을 것이다 라고 당신은 생각한다. 그들이 이러한 흔적을 남기지 않았는지 당신은 어떻게 아는가? 당신은 그들의 노력이나 성패에 대하여 잘 알고 있는가? 그것을 나열해 놓을 수 있는 수단이라도 가지고 있는가? 호기심 많은 사람들이 탐문할 수 있는 모든 접근로를 용의주도하게 봉쇄해 온 그들이 어떤 일을 했는지 그 증명을 당신 세계에서 어떻게 모을 수 있었겠는가? 그들이 불시의 기습을 받거나 일에 방해받지 않아야 했다는 것 자체가 그들의 성공 조건이었다. 그들이 한 일을 그들은 알고 있다. 그들 그룹 밖에 있는 자들이 알 수 있는 것은 그 결과일 뿐이며, 그 원인은 베일에 가려져 있다. 이 결과를 설명하기 위하여 각 시대 마다 사람들은 여러 가지 이론, 신의 간섭 또는 특별한 은총, 운명, 별과 관련된 우호적인 혹은 적대적인 영향 등을 만들어냈다. 소위 유사시대나 그 이전에 우리 선조들이 사건을 만들고 역사를 만들지 않은 시기는 없었다. 그런데 이 사실들은 그 이후로 그 시대 편견에 맞추기 위하여 역사학자들에 의해서 끊임없이 왜곡되었다. 당신은 계속되는 역사책의 드라마에 등장하는 위대한 영웅들이 그저 역사학자들의 꼭두각시에 불과한 것은 아니라고 확신할 수 있는가? 우주적 관계 속에서 이 세상이 표류함에도 불구하고 우리가 이런 저런 위기에 국가들을 끌어 모을 수 있었던 것처럼 주장한 적은 없다. 수레바퀴는 굴러가야 한다. 낮과 밤이 교차하듯이, 정신적 도덕적 빛과 어둠의 시기도 교차한다. 크고 작은 유가들도 사물의 정해진 질서에 따라서 이루어져야 한다. 이 막강한 흐름을 따라가고 있는 우리로서는 그저 작은 흐름들을 조정하거나 방향을 잡아줄 수 있을 뿐이다."[1]

주기의 법칙 하에서 정신의 역사의 암흑기에는 당분간 진정한 철학이 사라지나, 같은 법칙으로 말미암아 아침에

---

1 A.P. 씨넷트, [오컬트 세계(The Occult World)], 1888년 런던.

태양이 다시 떠오르듯이, 그 철학이 다시 출현할 것이며, 인간의 마인드가 그것을 다시 발견하게 된다. 그러나 몇 가지 일들은 오로지 스승만 할 수 있으며 다른 일들은 동료들의 도움을 필요로 한다. 진정한 철학을 보전하는 것은 스승의 일이고, 그것을 재발견하여 널리 알리는 것은 동료들의 도움을 요하는 일이다. 다시 한번 말하자면, 스승들은 그 진리 *신지학을* 어디서 발견할 수 있는지 알려주며, 이 세상에 널리 퍼져 있는 동료들은 그것을 발굴하고 널리 유포시키는 일을 하는 것이다.

인류의 맏형들은 이전 주기 동안에 완전해진 분들이다. 이 현현 시기가 근대 진화론자들에게는 알려져 있지 않다. 하지만 오래 전에 고대 힌두인들 뿐만 아니라 초기의 순수하고 고귀한 그리스의 신비의식을 계속 수행했던 위대한 정신들과 사람들은 이해하였다. 저 "거대한 미지"에서 눈에 보이는 우주들이 나오는 시기들은 영원히 오고 가며, 그 미지 속에서 똑같은 침묵과 휴식의 시기들로 교차한다. 이런 거대한 파도의 목적은 완전한 인간을 만들고, 혼을 진화시키기 위한 것이며, 인류 맏형들이 늘어가는 것을 목격하였다. 낮과 밤, 깨어남과 수면, 탄생과 죽음 속에서 극소수 사람의 삶이 그것을 그리고 있다. "왜냐하면 이 두 가지, 빛과 어둠, 낮과 밤은 이 세계의 영원한 방법들이기 때문이다."[2]

모든 시대나 모든 국가의 역사를 보면, 이러한 힘과 동정심을 가진 사람들에게 여러 가지 이름, 입문자, 초인, 마기(Magi), 사제, 동방의 왕, 현자, 형제 등을 붙여 주었다. 산스크리트어에도 그들을 나타내는 말이 있는데, 그 말은 그들이 다름 아닌 인간임을 확인해 준다. 그 말은 크다는 뜻의 *마하(Maha)*와 혼이라는 뜻의 *아트마(Atma)*로 구성되어 있다. 그러므로 그 말은 위대한 혼이라는 의미가 된다. 그런데 모든 사람은 혼이므로 마하트마를 구분하는 것은 그 위대성에 있다. "마하트마"라는 말은 블라바츠키 여사가 그녀가 갖고 있는 지식을 그녀에게 전해준 사람들을 스승이라고 부름으로써 신지학회에서 널리 쓰이게 되었다. 처음에는 단지 형제들이라고만 알려졌으나, 많은 힌두교도들이 신지학 운동에 참여하면서, 인도의 풍부한 전통과 문헌을 배경으로 마하트마라는 말이 사용되게 되었다. 때때로 비양심적인 신지학회 적들은 이 이름조차 만들어진 것이며, 이런 존재들은 인도 사람들이나 그들 문헌에 알려져 있지 않다고 주장해 왔다. 그러나 이러한 주장은 당시 지배적인

---

2 바가바드 기타, 8장.

잘못된 신학 교리를 완전히 뒤엎어버릴 만큼 위협이 되는 철학 운동을 가능한 한 깎아 내리기 위해 만들어진 것이다. 왜냐하면 모든 힌두 문헌에 마하트마라는 말은 자주 언급되며, 인도 북부 지방에서는 이 말은 일상적으로 사용되기 때문이다. 모든 힌두 교파가 존경하고 서양 비평가들도 그 고귀함과 아름다움을 인정하는 *[바가바드 기타]* 라는 아주 오래된 시에 이러한 구절이 있다: *이러한 마하트마는 발견하기 어려우니라.*

특정한 이름에 관련된 논쟁들이야 어쨌건, 위에서 언급한 이 놀라운 지식을 보유한 일단의 사람들이 항상 존재하였으며 아마 지금도 존재한다는 것을 보여주는 근거나 증명은 충분하다. 옛 신비 문헌들에는 그들에 관한 언급이 끊임없이 나온다. 옛 이집트인들에게는 이집트의 위대한 왕-입문자들, 즉 태양의 아들들과 위대한 신들의 친구들이 바로 그러한 존재들이었다. 옛날 사람들 자체를 무시하는 현대인들은 그들의 아이디어도 무시하는 버릇이 있다. 아브라함을 하느님의 친구로 존경하는 기독교인들조차 이집트 지배자들이 같은 우정을 주장하는 것에 대해 그저 위엄과 명칭만을 바라는 어린애 같은 생각이라고 비웃을 것이다. 그러나 이 위대한 이집트인들이 입문자들이었다는 것은 사실이다. 그들은 그들 수준이나 활동이 무엇이건 하나의 위대한 롯지의 회원들이었다. 후대 쇠퇴해가던 이집트인들은 물론 그들의 선조들을 흉내 내었음에 틀림없다. 그러나 그 때는 이미 교리나 사제직이 확립되면서 진리가 또다시 암흑기로 접어들기 시작한 때였다.

티야나의 아폴로니우스는 하강 국면에 인간 사이에 출현한 같은 고대 조직의 일원이었다. 그가 나타난 이유는 단지 미래 세대에게 증인으로 남기 위한 것이었다.

유태인인 아브라함과 모세는 다른 두 입문자로서 어느 특정 민족과 관계된 일을 하였다. 아브라함의 역사 속에서 멜키세덱을 만나게 되는데, 그는 아브라함의 훨씬 위에 있었던 분으로서 아브라함에게 위엄과 특권, 그리고 은총을 내려줄 수 있는 권한을 갖고 있었다. 모세와 아브라함과 같은 이름과 함께 인류의 역사를 기록한 같은 장에는 솔로몬이라는 찬란한 이름도 나온다. 그러므로 이 세 사람은 위대한 *3 인의 초인들*이며, 이들의 행적을 아무 근거도 없는 우스꽝스러운 것이라고 무시해 버릴 수 없다.

모세는 이집트인들에 의해서 미디안에서 교육을 받았다. 이 두 집단으로부터 그는 상당한 오컬트 지식을 전수받았는데, 분명하게 보는 눈을 가진 위대한 메이슨 협회 회원이라면 그의 책들 속에서 스승의 손과 계획과 작업을 인식할 수 있을 것이다. 아브라함 또한 그의 시대에 계발된 심령 영역의 모든 기술이나 능력을 갖고 있었다. 그렇지 않았다면 그는 왕들과 어울릴 수 없었을 것이며 신의 친구일 수 없었을 것이다. 그리고 도시들의 파괴에 관하여 전능한 자와 대화를 나누었다는 것만으로도 그가 이미 의식(儀式)이나 다른 부수적인 도움을 필요로 하는 수준을 훨씬 넘어선 초인이었음을 보여준다. 솔로몬이 이 3 인조를 완성하는데, 그는 두드러지게 불같은 성품을 지닌 사람이었다. 그를 둘러싼 수많은 전설과 엘리멘탈 우두머리들을 다루던 일과 그가 갖고 있었다는 마술 능력에 관한 이야기들을 고려할 때, 그가 인간 사이에 태어난 강력한 초인의 놀라운 본보기이며 위대한 사람이었음을 부정하는 것은 곧 전 고대 세계가 흥을 돋우기 위하여 거짓말이나 만들어 내는 바보들로 가득 차 있었다고 비난하는 것과도 같은 것이다. 우리는 솔로몬이라는 이름이나 그가 유대 민족의 지배자였다는 주장을 받아들일 필요는 없다. 그러나 유대인 기록이 가리키는 아득히 먼 옛날에 초인이었던 사람이 지구상에서 사람들과 함께 살고 걸어 다녔으며 나중에 그 이름이 붙여졌다는 사실은 받아들여야 한다. 소요학파나 부분만을 보는 비평가들은 보편 전통 안에서 사람들이야말로 잘속으며 흉내내기만 잘한다는 증거나 찾으려 할 것이다. 그러나 사람의 성질과 삶을 연구하는 진실한 학생들은 보편적인 전통이야말로 진실이며 인간의 역사 안에 있는 사실로부터 비롯된다는 것을 알고 있다.

인도로 눈을 돌려보자. 욕심 많고, 자기중심적이며 싸우기 좋아하고 장사속인 서양인에게는 오랫동안 잊혀 졌고 무시당해 왔지만 인도 역사는 이 놀라운 사람들 이야기로 가득 차 있는데, 노아, 아브라함, 모세, 및 솔로몬은 그 안에 있는 소수의 예에 불과하다. 인도 지방에 살던 사람들은 기질이나 기후 면에서 철학적, 윤리적 그리고 심령적 보화들을 보전하기에 적합하였다. 서양의 국가들이 교육과 문명을 확립하려고 안간힘을 쓰던 초기에 고트족이나 반달족과 같은 야만인들로부터 노략질을 당했듯이, 인도가 야만인들로부터 침략을 받아 황폐되었다면, 그 철학적 윤리적 심령적 보화들은 영원히 사라졌을 것이다. 스페인 카톨릭 통치자들의 군대는 중남미에서 발견한 엄청난 양의 역사적 민족적 보화들을 마음대로 불태워 버렸다. 영국의 보호가 내려지기 전에 인도의 서적들이나 야자수 잎에 쓰여진 기록들이 이러한 사람들 손에 들어갔더라면 미 대륙에서 그랬듯이, 그리고 그들 선조들이 알렉산드리아 도서관에 대해서 그렇게 하려고 했듯이, 그 모든 것이 깡그리 소멸해 버렸을 것이다.

인도의 문헌을 통하여 사람들에게 잘 알려져 있는 위대한 초인 수십 명의 이름이 나오는데, 그들은 모두가 같은 이야기를 가르쳤다. 즉, 인간 혼의 위대한 서사시. 그들 이름은 서양 사람들에게는 낯설지만, 그들의 생각과 업적과 능력에 관한 기록들은 그대로 남아있다. 게다가 고요하고 움직이지 않는 동양에는 오늘날에도 많은 마하트마, 초인, 입문자, 형제들로 구성된 이 위대한 롯지가 아직도 존재한다는 것을 아는 사람들이 수백 명에 이른다. 더 나아가서, 그 땅에는 사소하지만 여전히 자연과 자연의 힘을 지배하는 놀라운 힘을 실제로 발휘할 수 있는 전문가들이 존재하기 때문에, 위에서 밝힌 명제를 입증할 수 있는 엄청난 수의 보증인들을 갖고 있는 셈이다.

그리고 만약에 이 위대한 롯지의 가르침인 신지학이 위에서 말한 대로 과학적이면서도 종교적이라면, 윤리 측면에서 또 다른 증명을 갖고 있다. 윤리 차원에서 강력한 3 인조는 부처와 공자와 예수이다. 힌두 사람인 부처는 오늘날 기독교도 보다 훨씬 많은 사람들을 포용하고 있는 종교의 설립자이며, 예수 보다 몇 세기 전에 그가 가르쳤지만 그 보다 몇 세기 이전에 이미 주어졌던 윤리를 가르쳤다. 자기 민족을 가르치러 온 예수는 이 고대 윤리를 되풀이하여 가르쳤으며, 공자는 고대의 훌륭한 중국인들에게 같은 것을 가르쳤다.

이 모든 위대한 사람들은 하나의 형제단의 회원들이라고 신지학은 말한다. 그들은 모두 하나의 가르침만 가지고 있다. 그리고 서양 문명에 때때로 등장하는 특별한 사람들--생제르망 백작, 야곱 뵈메, 카글리오스트로, 파라켈수스, 메스머, 성 마틴 백작, 마담 블라바츠키 여사--은 적당한 시기에 이 위대한 롯지의 작업을 하는 대리인들이다. 그들은 일반적으로 사람들로부터 욕을 먹으며 사기꾼 소리를 듣는다. 그들 사후에 그들이 대개 인류에게 혜택을 가져다주었고 과학 발전에 크게 기여하는 명제나 발견이 이루어졌다는 것이 밝혀지는데 왜 당시에는 그들이 그런 비난을 들어야 하는지는 아무도 모른다. 만약에 예수 자신이 오늘날 도시 한복판 교회에 나타나 기독교인이라고 자처하는 사람들을 꾸짖는다면 아마도 사기꾼이라는 소리를 들을 것이다. 파라켈수스는 현재 보편적으로 사용되는 귀중한 의약 처방을 만들어 낸 사람이었다. 메스머는 다른 이름으로 최면술을 가르쳤다.

블라바츠키 여사는 그 롯지에는 오랫동안 알려져 있던, 사람과 사람의 성질과 운명에 관한 가장 중요한 체계를 서양 사람들에게 다시 한번 보여주었다. 그러나 자신들의 독창적인 철학은 갖고 있지 않으며, 지구상에 존재했던 어떤 문명 보다 비참한 비렁뱅이와 죄인들의 숫자가 월등히 많은 사람들로부터 이들은 한결같이 사기꾼이라는 소리를 들었다.

위에서 입문자라고 부른 사람들, 지금은 누구나 마하트마라고 부르는 사람들은 어떻게 그렇게 많은 것을 알 수 있었으며 자연의 법칙을 지배하는 힘을 가질 수 있었는지 대부분 독자들은 의아해할 것이다. 그러나 인도, 중국 및 다른 동양의 나라들에서는 이들에 대해 그렇게 놀라지 않을 것이다. 왜냐하면, 그들은 비록 물질 문명 모든 면에서 뒤쳐졌지만, 사람이 가지고 있는 내적 성질과 원하기만 하면 행사할 수 있는 사람의 능력에 대한 믿음을 잃은 적이 없기 때문이다. 따라서 그들 사이에는 이러한 힘과 능력을 가진 살아있는 사람들이 항상 존재하였다. 그러나 비논리적인 교조주의에 빠져서 혼의 삶과 성질을 부정함으로써 물질주의 문명을 일으킨 서양의 경우 이러한 주제를 연구한 적이 없으며, 최근까지도 일반 사람들은 그들이 상상하는 신 이외에는 이러한 능력을 소유한 사람이 있을 수 있다는 가능성을 믿지 않았다.

시간, 공간, 마인드, 그리고 물질에 대한 힘을 가진 마하트마는 단지 *완전하게 된* 사람이기 때문에 가능한 일이다. 모든 사람은 이 위대한 입문자들이 가지고 있다는 모든 능력의 씨앗을 가지고 있다. 그들과 우리의 차이는 우리는 아직 일반적으로 그 씨앗을 계발시키지 못하고 있다는 것뿐이다. 그런데 마하트마들은 훈련과 경험을 통하여 눈에 보이지 않는 인간의 능력을 키웠으며, 그 결과 그보다 덜 진화된 사람들의 눈에는 신처럼 보이는 선물까지 받았다. 오래 전부터 신지학에서 알고 있었던 텔레파시, 독심술, 최면술 등은 지금까지는 꿈도 꾸지 못했던 의식, 기능 및 능력의 차원이 사람들 속에 존재한다는 것을 보여준다. 독심술과 멀리서 최면에 걸린 사람의 마음에 영향을 주는 것은 전적으로 뇌에 의존하지 않는 마인드가 존재한다는 것, 그리고 영향을 주는 생각을 보낼 수 있는 매개체가 존재한다는 것을 증명한다. 바로 이 법칙을 이용하여 입문자들은 그들 사이의 거리가 얼마이건 서로 소통할 수 있는 것이다. 최면학파들은 아직 받아들이고 있지 않지만, 그 원리는 다음과 같다. 두 마인드가 공명하거나 같은 상태로 변화해 들어가면 생각도 비슷하게 된다. 즉, 다른 말로 하면, 멀리 떨어져서 듣는 사람은 상대방이 보내는 인상을 받는다. 아무리 비상한 경우라 하더라도, 다른 능력들도 마찬가지로 작용한다. 이러한 현상은 비록 드문 일이긴 하지만 자연적인 현상이다. 마치 뛰어난 음악 능력이 일상적이거나 흔치는 않더라도 자연적인 것처럼. 만약에 어떤 입문자가 손을 대지 않은 채 단단한 물건을 움직이게 한다면 그것은 그가 끌어당기고 밀치는 두 법칙--그 중 하나는 중력이라고 부른다--을 이해하기 때문이다. 만약에 그가 허공에서 탄소를 뽑아내어--우리는 공기 속에 탄소가 들어있다는 사실을 알고 있다--그 탄소를 이용하여 종이 위에 글을 쓴다면, 그것은 그가 신비의 높은 화학 지식을 알아서 훈련된 강력한 이미지 메이킹 능력을 사용하기 때문이다. 그런데 이 이미지 메이킹 능력은 모든 사람이 다 가지고 있다는 것이다. 만약에 그가 쉽게 당신의 마인드를 읽는다면, 그것은 그가 내면에 있는 유일한 참된 시력을 사용하기 때문이다. 진동하는 뇌가 그 사람의 주위에서 엮어내는 섬세한 색깔의 파노라마를 보는 것은 망막을 필요로 하지 않는다. 마하트마가 하는 이 모든 일은 완전하게 된 사람에게는 자연스러운 일이다. 그러한 능력들이 지금 즉시 우리에게 발현되지 않는 이유는 인류가 아직은 이기적이며 여전히 현재와 덧없는 일속에서만 살고 있기 때문이다.

반복해서 말하거니와 진정한 가르침은 사람들 사이에서 때로는 사라지지만 다시 나타나게 되어 있다. 왜냐하면, 첫째로, 그것은 불멸하는 인간의 성질 중심에 새겨져 있기 때문이고, 둘째로, 위대한 롯지가 그것을 영원히 보전하기 때문인데, 실제 객관적인 기록 안에만 보전하는 것이 아니라 지성이 있고 완전한 자의식이 있는 인간 속에도 그것을 보전한다. 지금 우리가 존재하기 이전의 수많은 단계를 성공적으로 진화해 온 인류는 그들이 얻은 그 귀중한 소유물을 잃을 수 없다. 스승들은 진화의 가장 높은 산물이며, 그들만이 전 인류 가족과 협력하여 "우주의 위대한 건축가"의 계획을 장인(匠人)처럼 질서 정연하게 수행해 나갈 수 있다. 이러한 이유로 나는 다른 주제로 넘어가기 전에 그들과 그들의 롯지에 대하여 언급하는 것이 좋겠다고 생각하였다.

2장 일반 원리

현현한 우주의 어느 부분도 지구에 작용하는 법칙들의 영향에서 벗어나지 않기 때문에, 신지학의 가르침은 모든 세계로 확장된다. 하지만 여기서는 주로 지구와 관련 있는 것을 다룰 것이다. 지구는 태양계 일부분으로 금성이나 목성 등과 같은 다른 행성과 분명히 연결되어 있다. 그러나 인송을 구성하는 모든 단위들이 완전하게 될 때까지 지구에 머물러 있어야 하기 때문에 인류의 진화가 그 구성원에게는 훨씬 더 중요하다. 다른 행성에 대한 내용은 뒤에서 다루게 될 것이다. 우선 모든 것을 지배하는 법칙에 대해서 알아보자.

아무리 높은 마인드를 가진 인간이 탐구한다 해도 탐구가 불가능한 미지의 존재에서 우주가 진화해 나오고, 그 우주는 일곱 계 혹은 모든 세계에서 일곱 가지 방식으로 진화해 간다. 그리고 이러한 칠중 분산으로 우주에 있는 모든 세계들과 그 세계에서 진화하는 존재들이 칠중 구조를 가지게 된다. 고대 가르침에서 말하듯이, 작은 세계와 거대한 세계 모두가 전체의 복사본이며, 가장 미세한 곤충과 가장 높게 진화한 존재도 모든 것을 포괄하는 거대한 전체 속에 있는 복사판이다. 그래서 고대 헤르메스 철학자들이 사용했던, "위에서처럼 아래에서도"라는 격언이 생겨났다.

칠중 구조의 우주를 개략적으로 나누어 보면 다음과 같다: 절대자, 영(Spirit), 마인드(Mind), 물질(Matter), 의지(Will), 아카샤(에테르) 그리고 대생명(Life). "절대자" 대신에 '공간'이라는 말을 쓸 수 있다. 왜냐하면 공간은 언제나 존재하는 것으로, 모든 현현이 그 속에서 일어나야 하기 때문이다. '아카샤'라는 말은 산스크리트어에서 가져온 말로 아에테르(AEther)라는 말 대신에 쓰였다. 왜냐하면 근대 과학자들이 종종 에테르(ether)라고 부르는 미세한 물질 상태를 적절하게 지칭할 만한 용어가 없기 때문이다. '절대자'에 대해서는 단지 '있다(IT IS)'라는 말밖에 할 수 없다. 비록 모든 특성이나 특질이 '절대자' 속에 있지만, 위대한 스승들도 절대자에 대해서 어떤 특성이나 특질을 부여하지 않았다. 우리의 지식은 분화와 함께 시작되며, 현현한 모든 것, 존재 혹은 힘은 "거대한 미지의 존재"의 분화에 불과하다. 기껏 말할 수 있는 것은 절대자는 주기적으로 자신을 분화시키며, 또한 주기적으로 분화된 것들을 자신 속으로 거둬들인다는 것이다.

시간에 대하여 형이상학적으로 말해서, 최초 분화는 영이고, 그것과 함께 물질, 마인드가 나타난다. 아카샤는 물질과 영에서 생겨나고 의지는 영의 활동적 힘이며, 생명은 영에 의해서 물질 위를 움직이는 아캬샤의 활동의 결과이다.

그러나 여기서 말하는 물질은 일반적으로 알고 있는 그런 물질이 아니다. 그것은 언제나 볼 수 없는 진정한 의미의 물질로, 종종 "원초의 물질"이라고 부른다. 브라만 학파에서는 그것을 "물라프라크리티"라고 부른다. 이제는 과학에서도 인정하듯이, 우리는 물질의 본질적 성질이 아닌 현상만을 보거나 인지한다는 것을 고대의 가르침은 언제나 지켜왔다.

마인드는 우주의 지성 부분이며, 위에서 개략적으로 설명한 일곱 세계 중에서 우주의 계획이 찍혀서 담겨 있다. 이 계획은 현현하기 전 세계에서 가져온 것으로 계속해서 향상하는 완전함에 부가되는 것이다. 그리고 진화 상에서의 완전함에는 어떤 한계도 있을 수 없다. 왜냐하면 절대 존재의 주기적인 현현에는 시작이 없었기에 끝도 없으며 현현과 붕괴는 영원히 계속될 것이기 때문이다.

하나의 세계 혹은 여러 세계가 모여서 만들어진 더 큰 하나의 시스템이 진화해 갈 때마다, 계획이 보편 마인드 안에 세워져 있으며, 원초적인 힘은 영으로부터 오고, 그 토대는 보이지 않는 물질이다. 그리고 대생명은 생명을 필요로 하는 모든 형태를 유지해 준다. 또한 아카샤는 물질과 영-마인드 사이를 연결시켜주는 고리이다.

어떤 세계가 거대한 주기의 끝에 왔을 때, 인간은 역사와 전통 속에서 거대한 붕괴를 기록해 두었다. 이런 기록은 아주 많다. 유태인 사이에는 대홍수가 있고, 바빌로니아인이나 이집트인 힌두인의 우주론 속에도 있다. 그것들 모두가 유태인의 전통을 재확인시켜주는 것이 아니라, 모두다 주기적인 붕괴와 재생의 희미한 기억과 초기의 가르침을 나타내는 것이다. 유태인의 이야기는 진리의 성전으로 가는 길에서 찢겨 나온 작은 조각에 불과할 뿐이다. 소규모의 주기적인 붕괴가 있듯이, 우주 전체 차원의 진화와 붕괴가 있다고 가르침은 말한다. 언제나 영원토록 "거대한 대숨결"은 나왔다가 다시 돌아간다. 그것이 나오게 되면 세계와 인간을 포함한 만물이 출현하게 되고, 그것이 다시 들어가게 되면 만물은 원래의 근원으로 돌아가게 된다.

바로 이것이 거대한 존재가 깨어나고 잠들고 하는 것이며, "브라흐마의 낮과 밤"이라고 부른다. 낮에는 깨어나고 밤에는 잠을 자는 인간 생활의 원형이며, 하나의 작은 생이 마감되면 무대에서 사라지고, 또 다른 새로운 낮에 다른 생 속에서 이전에 끝내지 못한 일을 하기 위해서 되돌아오는 인간사의 원형이기도 하다.

서구의 연구자들은 오랫동안 이 세계의 연령에 대해서 미궁 속에 있어왔다. 그들은 아직까지도 자신들보다 훨씬 오래된 기록을 가지고 있는 동양인들로부터 기꺼이 안내받을 자세를 조금도 보이지 않고 있다. 그러나 동양인들은 그 문제에 대한 진실을 가지고 있다. 이집트 문명이 수십 세기 전에 번성하였으며 현대인의 자만심을 건드릴 만한 고대 이집트인의 학파가 존재하지 않고 어쩌면 유태인이 "이집트에서 탈출하여" 잘못 이해된 모세 전통을 근대 발전에 고착시켰기 때문에 파피루스나 바위를 깎아서 새겨 놓은 글들이 힌두인의 살아 있는 사상과 기록보다 더 많은 신뢰를 받고 있다고 여겨진다. 왜냐하면 힌두인은 아직까지 살아 있으며, 전쟁과 정복이라는 서구 문명의 꽃이 전혀 알지 못하는 세계와 인류의 연령에 관한 지식을 가련하고 정복당한 인종이 가지고 있다는 것을 결코 인정할 수 없기 때문이다. 소아시아나 유럽의 무지한 사제들과 신학자들이 인류와 지구에 대한 구약 창세기의 설명을 강요하는 데 성공했기 때문에, 심지어 과학계에서 가장 박식한 사람들조차도 야곱의 자식의 몇몇 부족의 연대기와 다른 기록에 눈을 돌리기만 하면 생각과 인식이 뒤틀리거나 아담 이후 지나온 세월을 공포 속에서 떨어왔다. 심지어 스핑크스와 맴논에 의해서 지켜지고 있는 기자의 오래된 침묵의 피라미드에 대하여, 피아지 스미스나 다른 사람들은 영국의 "인치"가 당시에 통용되었으며 "대륙의 일요일"은 신의 법칙에 위배된다는 증거로 그것을 격하시켜 왔다. 그러나 피라미드와 같은 증거를 찾는 데 참고가 될 만한 사항을 구약에서 찾으려는 사람은 단 하나의 힌트도 찾을 수 없을 것이고, 결코 자취 없는 솔로몬 성전의 건설 기록만 찾을 수 있을 것이다.

그러나 신지학생들은 헤브르 전통이 서구인들에게 왜 귀찮은 것으로 전락하게 되었는지 알고 있다. 그들은 또한 유태인과 이집트인 사이의 연결 관계를 알고 있으며, 주기가 돌아서 고대 이집트인을 다시 환생시킬 때까지 나일 계곡의 피라미드 건축가들의 부활과 그들의 계획이 어디에 숨겨져 있는지 알고 있다. 유태인은 이집트에서 배운 일부분만을 모세 경들의 글자 속에 숨긴 채 보존하고 있으며, 오늘날까지 경전들의 숨겨진 의미로 전해지고 있다. 그러나 기자의 피라미드 계획을 도왔고 이집트 정부와 신학 과학 및 문명에 참여했던 이집트의 혼들이 그들의 인종을 떠나서 이제 사라졌다. 하지만 그 혼들이 서구에 나타나는 인종, 특히 미국 대륙을 채우고 있는 사람들 속에서 그들의 작업을 시작하였다. 이집트와 인도가 어렸을 때 그들은 지속적인 교류를 유지하였다. 그들의 생각도 비슷하였다. 그러나 둘 중에 인도만이 고대 사상을 보존하도록 운명지어졌다. 그래서 힌두인의 브라만학파 기록에서 우주와 세계를 나타내는 브라흐마의 낮과 밤 그리고 삶에 대한 가르침을 이용할 것이다.

이 가르침은 한때 오랫동안 모세 전통에 치우쳤던 해석을 뒤흔들었다. 그러나 이것은 이전 및 다른 "창조들"을 설명한 창세기와 충분히 일치하고, 아담으로부터 시작된 진화 주기보다 이전 시기를 나타내는 에돔의 왕들에 관한 구약의 비의적 해석과도 일치하며, 놀라운 이전 세계들과 창조들에 대해서 말한 초기의 몇몇 신부들이 가지고 있던 믿음과도 또한 일치한다.

브라흐마의 낮과 밤은 각각 100 년 동안 지속된다고 한다. 성경에서도 하루가 100 년 같고 100 년이 하루 같다는 구절이 있다. 그것은 여호와의 힘을 확대하는 데 사용되었다고 말한다. 그러나 그것은 브라흐마의 낮과 밤의 길이와 의심이 갈 정도로 유사하다. 현현한 우주가 낮에는 출현하고 밤이 되면 똑같은 기간 동안 사라진다는 주기적인 현현과 붕괴를 나타내는 말로 유추한다면 더 유용할 것이다.

인간의 낮은 태양에 의해서 계산되며 그 길이는 12 시간이다. 수성이나 토성과 같은 다른 별에서는 그 길이가 다르다. 그러나 브라흐마의 낮은 두 명의 인간 사이를 의미하는 만반타라로 구성되어 있다. 만반타라를 인간의 연수로 계산하면 4,320,000,000 년이다.

낮이 밝아 오면 태양계의 진화가 시작되며, 광물 동식물 및 인간의 아스트랄계가 가능하기 전까지 최초의 에텔 물질을 진화시키는데 10 억에서 20 억년이 걸린다. 두 번째 단계는 약 3 억년 정도가 걸린다. 그리고 더욱더 물질적인 과정이 진행되어 인간을 포함한 대자연의 물질계를 만들게 된다. 이 기간은 15 억년 이상 걸린다. 현재 모습의 인간이 출현한 시기를 태양 년으로 보면 1800 만년 이상이다.

바로 이것이 허버트 스펜서 씨가 말한 미지의 동질 상태에서 이질적인 것이 점차로 출현하게 된다는 것이다. 고대 이집트인과 힌두 신지학자는 무에서의 창조를 결코 인정하지 않는다. 그들은 동질적 미분화 상태에서 이질적 분화 상태로의 점진적 진화를 강력하게 주장했다. 시작도 끝도 없으며 처음이자 마지막인 무한한 절대적 미지를 그 어떤 인간의 마인드로도 이해할 수가 없다. 이것이 기독교 성서에서 주위에 어둠의 장막을 두르고 있는 신이다.

서구의 동양학자들은 힌두인 보다 나은 자료도 제시 못하고 같은 주제에 대해서 서로의 의견이 불일치하고 있으면서도 그들은 힌두인의 우주 및 인간에 관한 연대기를 비웃는다. 비쉬누 푸라나를 번역한 윌슨은 그것을 근거 없는 이야기이며 유치한 자랑 꺼리라고 불렀다. 그러나 외적인 활동을 하지 않는 프리메이슨은 그것을 잘 알고 있다. 그들은 이집트와 힌두 형제의 생각과 일치한다는 것을 솔로몬 성전의 건설 이야기 속에서 찾았다. 그 성전은 모든 곳에서 가져온 이질적인 물질을 재료로 사용하여 연장을 사용하는 소음 하나 없이 만들어진 것이다. 솔로몬의 성전은 인간을 의미하며, 인간의 육체는 미세한 소음 없이 장식되어 만들어졌기 때문이다. 그러나 그 재료는 다른 먼 곳에서 만들어져

모아진 것들이다. 이것들은 앞에서 말한 시기에 만들어진 것들로 그 시기는 매우 멀고 조용한 시기이다. 수행해야 할 계획을 자세하게 할 필요가 있게 되었을 때, 내면의 인간이 자신의 세계와 주위 세계에 있는 모든 물질을 찾을 때까지 인간은 육체 속에서 살 수 없었다. 그래서 모든 부분들이 마지막 구조에 완벽하게 들어맞을 때까지 다른 세부 사항을 수행해야 했다. 만져서는 느낄 수 없는 물질을 모으고 짜 맞춘 후에 시작된 거대한 시간의 흐름 속에서 인간이라는 성전의 토대를 위한 계획을 수행하는 내면의 인간이 점유할 수 있었던 것은 물질계와 식물계뿐이었다. 이렇게 되는데 아주 많은 세월이 필요했다. 왜냐하면 자연은 결코 건너뛰지 않는다는 것을 알고 있기 때문이다. 그리고 개략적인 일이 완성되어 인간이 만들어졌을 때 내면의 인간이 그 성전을 최고의 최상의 목적을 위해서 사용할 수 있도록 그에 딸린 구성원이 자신의 역할을 제대로 배우기까지 더 많은 시간이 걸렸다.

고대 가르침이 기독교나 과학의 가르침보다 훨씬 더 숭고하다. 종교의 가르침은 사실과 이성에 모순되는 이론을 제시한다. 반면에 과학의 가르침은 관찰된 사실에 대한 이유를 제시하지만 어느 면으로 보나 숭고하거나 고무적인 것이 없다. 모든 체계나 경험을 포함하는 신지학만이 그 열쇠와 계획, 가르침 그리고 진리를 제시해 준다.

이 세계의 연령은 신지학이 주장하듯이 거의 계산할 수 없을 만큼 오래되었으며, 인간의 연령은 현재 모습을 갖추기 시작한 시기가 1800 만년 이상 되었다. 마침내 인간이 되는 데는 엄청난 시간이 걸렸다. 왜냐하면 현재의 남녀 양성으로 출현하기 전에 인간은 때에 따라서 여러 모습이었으나, 전체 계획이 완전하게 수행되어 현재의 모습과 가능성 그리고 능력을 갖추게 되었다. 이러한 사실은 일반인을 위하여 쓰여진 고대 문헌들 속에서 인간이 한 때는 둥근 모습이었다고 언급되는 것에서 찾아볼 수 있다. 그 당시에는 이렇게 둥근 모습으로 있는 것이 환경에 유리했기 때문이며 그것은 1800 만년 전 보다 훨씬 오래 전이다. 이런 둥근 모습이 일반적인 모습이었을 때는 지금 우리가 알고 있는 성이 분화되지 않아서 성의 구별이 없었다.

인간이 출현하기 전 긴 세월 동안 지금은 우리의 소유물이 된 다양한 힘들을 완성하기 위해서 진화는 계속 진행되어 왔다. 이러한 힘을 소유할 수 있었던 것은 진정한 인간인 자아가 무수히 많은 물질 상태 속에서 경험을 축적함으로써 가능해졌다. 마찬가지로 앞에서 말한 우주의 전반적인 진화에도 똑같은 계획이 적용된다. 즉 먼저 세부적인 사항이 형이상학 세계 속에서 수행되었다. 그리고 같은 내용의 계획이 더 조밀한 물질계에서 수행되었고 결국에는 소위 조잡한 물질로 이루어진 현재 세계에서 진행될 수 있었다. 이렇게 이전 상태에서는 감각들이 아스트랄계에 도달하기 전까지는 생각 속에서, 즉 잠재 상태 속에서 존재했다. 그리고 나서 서로 다른 외부 기관을 통해서 사용하는 실재 감각을 만들기 위해서 집중되었다. 보고 듣고 만지고 맛보는 이러한 외부 기관은 진짜 기관이나 감각이라고 종종 착각하지만, 잠시 생각해 보면 감각은 내면에 있으며 외부 기관은 단지 보이는 우주와 내면의 진정한 인식자를 중재해주는 것들에 불과하다는 것을 알게 된다. 이렇게 다양한 능력과 잠재력이 서서히 그러나 확실하게 개발되었기 때문에 결국에는 인간이 우주나 지구처럼 칠중 구조의 존재로 나타나게 된 것이다. 인간을 구성하는 각각의 칠중 원리는 최초의 거대한 일곱 분화 각각에서 유래된 것이며, 진화의 장소인 행성 및 진화가 진행된 인종과 관련되어 있다. 그래서 최초의 칠중 구조로의 분화가 중요하다. 왜냐하면 그것은 다음에 나오는 모든 것의 토대가 되기 때문이다.

마치 우주의 진화가 칠중 구조이듯이, 칠중 구조인 인류의 진화도 칠중 구조의 지구에서 진행된다. 이것이 신지학 문헌에서 말하는 칠중 구조의 행성 체인이며 인간의 진화와 긴밀하게 연관되어 있다.

3장 지구 체인

관심을 지구로 돌려보자. 지구의 기원과 진화, 인간과 동물 그리고 다른 모나드들의 진화에 대하여 신지학에서 제시한 견해는 현대 사상과 아주 다르며, 어떤 것은 기존에 받아들여진 이론과 상반되기도 한다. 그러나 오늘날의 이론이란 안정되어 있지 않다. 그 이론은 매 세기마다 바뀌어왔다. 그러나 신지학에서 제시한 이론은 바뀌지 않았다. 왜냐하면 그 사상을 다시 알리고 고대의 문헌들 속에서 그 사실을 확인한 인류의 스승들이 생각하기에 그것은 자연 속에 있는 사실을 말하는 것이기 때문이다. 반면에 현대 이론은 언제나 추리적이고 지속적으로 변화해왔다.

앞 페이지에서 개략적으로 설명한 내용과 마찬가지로 지구도 칠중 구조이다. 지구는 하나의 실체이며 단순한 물질 덩어리가 아니다. 이와 같이 지구는 칠중 구조를 가진 하나의 실체이기 때문에, 공간 속에서 함께 회전하는 다른 여섯 개의 구체가 있다. 이 일곱 구체를 "지구 체인" 혹은 "행성 체인"이라고 부른다. [에소테릭 붓디즘]에서 이것을 뚜렷하게 언급하고 있지만, 거기서는 엄격한 물질주의적인 견해가 제시되었기 때문에 독자들이 일곱 개로 구분되는, 즉 모두 분리되어 있으면서 서로 연결되어 있는 구체가 있다고 생각할 수 있다. 마치 금성이 화성과 뚜렷하게 구분되는 것처럼, 지구도 나머지 여섯 구체와 구분되어 있는 것으로 결론을 내리지 않을 수 없었다.

이것은 올바른 가르침이 아니다. 지구는 인간의 의식 상태에 따라서만 일곱 구체 중에 하나라는 것이다. 왜냐하면 인간이 일곱 개중에 어떤 한 구체에서 활동할 때, 그는 그것을 뚜렷이 구분하는 하나의 구체로 인식하고 나머지 여섯 개는 인식하지 못하기 때문이다. 이것이 바로 다른 여섯 원리를 가지고 있는 인간 자신과 완전히 일치하는 것이다. 왜냐하면 그가 네 번째 구체인 지구에서 활동하고 있고, 그의 육체는 지구를 나타내기 때문에 자신의 육체만이 보일 뿐이다. 일곱 구체 전체는 하나의 덩어리 혹은 거대한 구체로 상호 침투해 있다. 그러나 궁극적인 모양은 원형이기 때문에 "구체"라고 말해야 한다. 씨넷트 씨가 서술한 설명에 너무 의지하게 되면, 구체들이 서로 침투해 있지 않고 자기력으로 서로 연결되어 있다고 생각하기 쉽다. 그리고 [*씨크릿 독트린*]에서 서술한 설명과 주의를 고려하지 않은 채 도식을 설명하기 위해 블라바츠키 여사가 제시한 그림에 지나친 관심을 기울인다면, 똑같은 오류를 저지르게 될 것이다. 그러나 그녀뿐만 아니라 그녀의 스승들도 지구 체인의 일곱 구체는 "서로 하나로 되어 있지만 동질의 물질이 아니다"라고 말했다. (SD, 1 권 166 페이지) 통계나 표면상에 그려진 그림에 의지하지 말고, 언어로 표현된 이론의 형이상학적이고 영적인 면을 보라고 한층 더 강조한다. 씨넷트 씨의 책과 같은 출처에서, 이 구체들은 질료에서는 다르지만 하나의 덩어리로 뭉쳐져 있으며, 이러한 질료의 차이는 의식 센터의 변화에 기인한다고 말한다.

이와 같이 정의된 일곱 구체의 지구 체인은 이전 체인의 환생이며, 그 이전 체인은 달 체인으로, 달은 과거 체인의 네 번째 구체를 나타낸다. 하나의 덩어리로 뭉쳐진, 달과 나머지 여섯 구체로 구성된, 이전의 거대한 실체가 생명의 극점에 도달했을 때, 모든 존재가 그렇듯이 그냥 그렇게 죽어 갔다. 각각의 일곱 구체는 자신들의 에너지를 공간 속으로 보냈고, 우주 먼지--물질--에 비슷한 생명 혹은 진동을 주었으며, 전체의 통합적인 힘은 일곱 에너지를 결속시켰다. 그 결과 일곱 에너지 센터를 가진 지구 체인이 진화하게 되었다. 달이 이전 체인의 네 번째 구체이므로, 달도 지구처럼 우리가 인지할 수 있는 같은 계(界)에 있다. 그리고 우리들 의식의 대부분이 지구에만 국한되어 있기 때문에, 과거 체인의 일곱 구체 중 하나인 달만을 볼 수 있다. 일곱 구체 중에 다른 구체에서 활동하게 되면, 그에 상응하는 과거 체인의 시체인 달을 볼 수 있을 것이고, 현재 우리가 보는 달은 보이지 않을 것이다. 금성, 화성, 수성 및 눈으로 볼 수 있는 다른 행성들도 모두다 뚜렷이 구별되는 행성 체인의 네 번째 영역에 있는 구체들이며, 바로 그 이유 때문에 우리들이 볼 수 있고, 나머지 다른 여섯 에너지 및 의식 센터들은 보이지 않는 것이다. 표면상에 그려진 모든 그림들은 선으로 밖에 구분할 수가 없기 때문에 핵심이 되는 내용을 흐리게 할 것이다.

지구 체인의 일곱 구체에서 진화하는 자아들은 그 숫자에 있어서는 제한이 있지만, 실제적으로 그 양은 너무 거대하다. 왜냐하면 비록 우주가 무궁 무한하다 하더라도, 현현과 진화가 시작된 어느 특정한 부분에서는 현현의 기간 및 그 현현기에 활동하는 자아들의 숫자는 제한이 있기 때문이다. 그리고 지구 체인에서 진화해 가는 모든 모나드들은 이미 설명한 이전의 일곱 구체에서 왔다. [에소테릭 붓디즘]에서는 이러한 자아들의 무리를 "생명의 파도(life wave)"라고 불렀으며, 그 의미는 모나드들의 흐름을 나타낸다. 생명의 파도는 현재의 지구 체인에 도달했으며 중심점이 그것을 나타낸다. 그리고 그것은 첫 번째 구체인 A에서 강물이나 군대처럼 밀려오면서 활동을 시작했다. 첫 번째 부분이 구체 A에서 시작해서 그 물질 상태에 맞는 신체 속에서 오랜 진화를 겪고, 구체 B로 옮겨갔으며, "구체들"이라고 불려 왔던 거대한 일곱의 의식 상태 전체를 경험한다. 첫 번째 부분이 구체 A를 떠났을 때, 다른 생명의 파도가 흘러 들어와서 같은 과정을 경험하게 되었고, 모든 생명의 모나드들이 규칙적으로 일곱 가지 길을 경험하게 된다.

이러한 여행은 4 바퀴를 돌았으며, 달에서 온 자아들 전체 흐름이 모두다 지구 체인에 도착을 끝냈기 때문에, 4 라운드 중반 이후에는 더 이상 지구 체인으로 들어오지 않았다. 이렇게 서로 다르게 도착한 생명의 파도들은 전체 행성 의식의 일곱 가지 센터를 일곱 라운드 동안에 다 거치게 된다. 이와 같은 순환과정이 끝났을 때는 오랜 기간 동안에 가능한 한 많은 완성을 이루게 될 것이며, 이 체인은 또 다른 체인을 낳기 위하여 죽게 될 것이다.

이러한 구체들 각각은 진화의 법칙에 의해서 일곱 인종들의 발전과 각각의 물질 상태에 적합한 감각 및 기능과 힘을 발전시키기 위하여 사용된다: 그래서 완전한 발전을 이루기 위해서는 전체 일곱 구체를 모두 다 경험해야 한다. 그러므로 라운드와 인종들이 있게 된 것이다. 라운드는 행성 의식의 일곱 센터를 순환하는 것이다. 인종은 일곱 구체 중의 하나에서 인종의 발전을 이루는 것이다. 각 구체에는 일곱 인종이 있으며, 총 49 아인종들이 일곱 근원인종(root race)을 형성하게 되고, 각 구체에서 진화하는 일곱 인종들은 사실상 일곱 가지의 구성요소 혹은 일곱 가지의 독특한 기능이나 힘을 가진 하나의 인종이다.

어떤 구체에서도 짧은 기간 동안에 완전한 인종이 진화할 수 없으므로, 자연의 질서 정연한 과정은 도약 없이 알맞은 방법에 의해서 진행되어야 한다. 그러므로 완전한 근원인종이 형성되기 전에 아인종들이 차근차근 진화해야 한다. 그러면 근원인종은 쇠퇴하면서 다음 근원인종의 출현을 준비하는 동안 그 자신의 가지들을 뻗게 된다.

이것을 설명하자면 아메리카에서 새로운 인종, 즉 제 6 인종이 진화할 것이라고 분명하게 가르침을 받았고, 지구상의 모든 인종들은 지금 거대한 통합의 시기에 있으며, 그 결과로 고도로 발달한 아인종이 나타나게 될 것이고, 새로운 인종이 완성될 때까지 다른 인종들도 비슷한 과정에 의해서 진화할 것이다.

하나의 거대한 인종이 끝나고 또 다른 새로운 인종이 시작되는 사이에는 구체의 휴식기가 있다 왜냐하면 인류의 자아들의 흐름이 또 다른 구체에서 능력과 힘들을 더 진화시키기 위하여 체인 중의 하나인 그 구체로 옮겨가기 때문이다. 그러나 마지막 제7인종이 출현해서 완성되었을 때, 이미 설명했듯이 지구 체인의 탄생 전에 진행된 일과 비슷한 거대한 붕괴가 일어난다. 그리고 나서 이 세계는 만질 수 있는 사물로써는 사라지게 되고, 인류에게는 침묵만이 존재하게 된다. 이것이 바로 세계의 종말이 와서 심판의 날이 있거나 혹은 대홍수나 대화재가 있었다는 일반적인 믿음의 근저를 이루게 된 것이다.

지구상에서의 진화에 대하여 말하자면, 모나드들의 흐름의 시작은 우선 모든 것들이 가스나 불과 같은 상태일 때, 소위 엘리멘탈 상태 속에서 물질 덩어리를 만들기 시작한다. 왜냐하면 고대 이론에 의하면 활기를 주는 인자로써 모나드 없이는 진화가 불가능하다고 하기 때문이다. 첫 단계에서는 동물이나 식물도 존재하지 않는다. 다음 구체 전체가 굳어지면 광물이 출현하게 되는데, 모나드들은 모두 그 속에 가둬진 채로 존재한다. 그러면 첫 번째 모나드들이 자신들이 만든 식물들 형태 속으로 나타나게 되며 동물들은 아직 출현하지 않았다. 다음에 모나드들의 첫 번째 부류들이 식물들로부터 나와서 동물들을 만들고, 인간의 아스트랄과 그림자 모형을 만들게 되면, 광물, 식물, 동물과 미래 인간들이 모두 존재하게 되는 것이다. 왜냐하면 두 번째 모나드와 그 후에 오는 모나드들은 아직도 낮은 왕국에서 진화하고 있기 때문이다. 제 4 라운드의 중간을 넘어섰을 때, 모나드들은 우리의 지구로부터 새로운 구체가 환생할 때까지 더 이상 인간의 단계로 넘어오지 못한다. 이것이 개략적으로 제시한 전체 과정이며, 세부적인 사항들은 빠져있다. 왜냐하면 이러한 라운드들 중 하나에서 인간이 동물보다 먼저 출현했다.

다른 식으로 말하자면, 우선 우주 마인드 속에서 계획이 세워지고, 그리고 그 계획에 따라 아스트랄 모형 혹은 토대가 만들어지며, 이러한 모형이 완성되었을 때는 물질을 압축하기 위하여 모든 과정이 제 4 라운드 중반까지 넘어가게 된다. 미래인 그 후에는 전체 덩어리가 풍부한 의식으로 영적화되어, 구체들 전체가 상위계로 올려지게 된다. 위에서 언급한 압축하는 과정 속에서 인간의 출현 시기에 대한 변경이 있다. 그러나 자세한 사항에 대해서 스승들은 말씀하신다: "제 2 라운드에서 계획이 바뀌고, 그 변경 사항에 대해서는 후세대에게 알려지지 않을 것이다." 그러므로 그것에 대해서 말할 수가 없다. 그러나 일곱 인종이 지구에서 진화해야 한다는 점과 일곱 구체를 일곱 번 돌아야 한다는 점에 대해서는 분명하다.

인간이 지구에 최초로 나타났을 때는 두 개의 성을 가진 존재로 되어 있지 않았다. 최초에는 성의 구별이 없었으며 그 후에 자웅동체로 되었고, 마지막으로 남성과 여성으로 갈라지게 되었다. 그리고 양성으로 갈라지게 된 것은 18,000,000 년 전이다. 그러한 이유 때문에 고대 학파들에서는 인간의 나이가 18,000,000 년 정도라고 말하는 것이다.

4 장 인간의 칠중 구조

기독교계 내에는 인간의 본질에 대한 두 가지 개념이 있다. 하나는 가르치는 내용이고, 다른 하나는 그 가르침에 대한 공통된 수용이다. 전자의 가르침은 교회 내에서는 비밀이 아니지만, 평신도들에게 제대로 설명되는 경우가 거의 없기 때문에 일반 사람들에게는 거의 신비로 남아있다. 거의 누구나 사람은 혼과 육체를 가지고 있다고 말하는데, 단지 거기서 그치고 만다. 혼이 무엇인지, 혼이 진짜 인간인지 혹은 혼 나름대로 힘을 가지고 있는지 등에 대해서는 거의 의문을 제기하지 않으며, 설교자들은 대체로 혼의 구원이나 저주의 문제에만 자신들의 설교를 한정시킨다. 이와 같이 혼을 그들 자신들과는 다른 어떤 것으로 설명함으로써 그들이 혼을 잃어버렸을지도 모르기 때문에 자신은 혼이 아니라는 생각을 근저에 갖게 되었다. 이로부터 사람들로 하여금 혼보다는 육체에 보다 많은 관심을 기울이게 하는 물질주의적인 경향이 일어났고, 혼의 문제는 로마 카톨릭 신부들의 부드러운 자비에 맡겨졌으며, 비신자들 거의 대부분은 죽는 날까지 혼을 돌보지 않게 되었다. 그러나 진정한 가르침을 안다면, 대아(Self)인 혼을 돌보는 것은 매일매일 주의를 기울여야 할 중요한 일이며, 전체 인간, 즉 육체와 혼 모두에게 심각한 해를 주지 않기 위해서는 혼을 돌보는 일을 결코 늦추어서는 안 된다는 것을 깨닫게 될 것이다.

성 바오르가 지지한 가르침인 교조적인 기독교 신앙에 의존하는 가르침에 따르면, 인간은 영, 혼, 체로 이루어져 있다. 이것이 바로 인간의 3 중 구조로서, 이를 잘 검토하게 되면 한때는 정설이었지만 지금은 이단이 되어버린 관점을 다시 채택하는 결과가 될 수도 있기 때문에, 신학자들은 이를 믿으면서도 뒷전에 모셔 두고만 있다. 이와 같이 우리가 혼을 영과 육체 사이에 놓게 되면, 우리는 혼의 책임 문제를 파고들어야 하는 필요성에 부딪치게 된다. 왜냐하면 육체 자체만으로는 어떠한 책임도 질 수 없기 때문이다. 혼에게 행동에 대한 책임을 지게 하기 위해서는 혼이 힘과 기능을 가지고 있다고 간주하여야 한다. 고대 그리스인들의 사상에서 때때로 발견되듯이, 이로부터 혼이 이성적인지 또는 비이성적인지에 대한 입장을 취하게 되며, 여기서 한 걸음만 내딛으면 신지학의 명제에 접근하게 된다. 인간 성질의 3 중 구조 개념은 사실 신지학에서 가르치는 7 중 구조를 내포하고 있다. 왜냐하면 나머지 4 개 부분은 육체와 혼의 힘과 기능 속에서 찾을 수 있기 때문이다. 나중에 이를 다시 설명할 것이다. 인간은 단순한 이중구조가 아니라 7 중 구조라는 확신은 옛날부터 있었고, 사례를 들어가면서 아주 쉽게 모든 사람들에게 가르쳐졌지만, 다른 철학사상과 마찬가지로 지금은 그 모습을 감추었다. 왜냐하면 유럽의 동쪽에서 윤리가 타락하고 있었고, 물질주의가 쌍둥이인 회의론과 더불어 충분한 힘을 발휘하기 전부터 이러한 확신은 점차로 줄어들었기 때문이다. 이 확신이 사라지면서 영 혼 체의 교리는 기독교에 남겨졌다. [씨크릿 독트린]에서 블라바츠키 여사는 그러한 믿음이 사라졌다가 금세기에 다시 회생하게 된 이유를 잘 표현했다. "행성 체인의 진화와 같은 순전히 철학적인 가르침을 알리는 것이 어떤 위험을 일으키는지 우리는 이해할 수 없다"는 질문에 대하여 여사는 다음과 같이 답한다:

위험은 이와 같다: 행성 체인이나 일곱 인종과 같은 가르침들은 인간의 7 중 구조에 대한 실마리를 제공한다. 왜냐하면 각각의 원리는 각각의 계(界), 행성, 인종과 상관관계가 있기 때문이다. 그리고 인간의 원리들은 각각의 계에서 7 중의 오컬트 힘과 상호 연계되어 있는데, 상위계의 원리들은 엄청난 오컬트 힘을 가지고 있어서, 그것을 악용할 경우 인류에게 막대한 해를 끼칠 수도 있다. 이 실마리는 오컬트에 대하여 무지하고 물질주의적인

성향으로 오컬트를 신뢰하지 않는 현 세대, 특히 서구인들에게는, 아마도 어떤 단서도 되지 못할 것이다. 그러나 초기 기독교 시대에 오컬트의 실재를 충분하게 납득하고 있었으며, 최악의 오컬트 힘이나 마술을 악용하기에 무르익었던 타락의 주기로 들어서는 사람들에게는 아주 실제적인 단서가 될 수 있었을 것이다.

한때 인도 정부의 관리였던 씨네트 씨는 그의 책 [에소테릭 붓디즘]에서 금세기 최초로 인간의 성질에 대하여 설명하였는데, 그것은 거기에서 언급된 "입문자들의 위대한 롯지"로부터 블라바츠키 여사가 그에게 직접 전해준 정보를 가지고 구성한 것이다. 이와 같이 옛 가르침을 서구문명 앞에 내놓음으로써, 그는 그의 세대에 커다란 혜택을 가져다주었고, 신지학 발전에도 상당히 기여하였다. 그의 분류는 다음과 같다:
1. 육체 또는 *루파*
2. 생기 또는 *프라나-지바*
3. 아스트랄체 또는 *링가-샤리라*
4. 동물 혼 또는 *카마-루파*
5. 인간 혼 또는 *마나스*
6. 영적 혼 또는 *붓디*
7. 영 또는 *아트마*

이탤릭체 단어들은 그가 채택한 영어 용어에 상응하는 산스크리트어들이다. 이 분류는 오늘날까지도 모든 실제적인 목적에 유용하지만, 수정 또는 확장도 가능하다. 예를 들어, 후대에 아스트랄체를 3 번째가 아닌 2 번째에 배치한 것도 있는데, 이는 분류 자체를 근본적으로 바꾼 것은 아니다. 이러한 분류 자체가 인간이 무엇인지에 대한 개념을 제공하는데, 이는 육체와 혼이라는 모호한 설명과는 아주 다르다. 또한 마인드는 육체의 한 부분인 두뇌의 산물이라는 물질주의적인 개념에 과감히 도전한다. 이러한 원리들이 이제까지 알려지지 않았었다는 주장은 결코 하지 않았다. 왜냐하면 힌두교도뿐만 아니라 많은 유럽인들도 여러 경로로 이 원리들을 이해하고 있었기 때문이다. 그러나 존재들이 진화하는 구체들의 체인의 칠중 구조와 긴밀하게 연계되어 있는 인간의 칠중 구조가 이렇게 짜임새 있게 제시된 적이 없었다.

프랑스의 수도원장이었던 엘리파스 래비는 아스트랄계와 아스트랄체에 대해서 썼지만, 이 독트린의 나머지 부분들을 알지 못했던 것이 틀림없다. 한편, 힌두교도들은 그들의 언어와 철학 속에 나머지 부분들을 가지고는 있었지만, 7 중 구조의 분류를 쓰기 보다는 주로 4 중 구조의 분류를 사용하였고, 우리의 지구를 포함한 일곱 구체의 체인에 관한 가르침은 (설령 그들이 알고 있었더라도) 분명히 감추었다. 사실 지금은 고인이 된 박식한 힌두 학자인 수바 로우 씨는 힌두인들은 7 중 구조 분류를 알고 있었지만 그것을 밝힌 일이 없었고 밝히지도 않을 것이라고 주장했다.

이 구성을 다른 방법으로 생각해 보면, 하위 인간은 복합체이지만, 그의 진정한 성질은 영, 분별력, 그리고 마인드의 삼위일체로서 불멸의 존재이며, 물질계에서 일을 하고 자연으로부터 경험을 얻기 위해 하위 4 개의 유한한 도구 또는 수단을 필요로 한다고 말할 수 있을 것이다. 이 삼위일체는 산스크리트어로 "아트마-붓디-마나스"라고 부르는데, 근대 용어로 표현하기 어렵다. 아트마는 영이고, 붓디는 분별하고 판단하는 최고의 지성이며, 마나스는 마인드이다. 이 3 개조가 진정한 인간이며, 이 가르침이야말로 의심할 나위 없이 성부, 성자, 성령의 삼위일체 신학이론의 원천인 것이다. 하위의 4 개 도구 또는 수단은 아래와 같다:

- 진정한 인간: *아트마, 붓디, 마나스*
- 하위의 도구들:
  - 격정과 욕망

- 생명 원리
- 아스트랄체
- 육체

하위의 이 4 가지 물질은 일시적인 것이며, 서로 분리될 뿐만 아니라, 자체 분해되기도 한다. 그들이 서로 분리되기 시작하는 시간이 도래하면 결합은 더 이상 유지되지 않고, 육체는 죽으며, 각각의 물질을 구성하는 원자들도 서로 분리되기 시작한다. 일단 이렇게 분리된 것들은 전체를 모으더라도 더 이상 진정한 인간이 사용하기에 적합한 도구는 될 수가 없다. 이것이 우리 유한한 인간들이 말하는 죽음이라는 것이다. 그러나 진정한 인간은 죽음이 없고, 영속적이며, 불멸하기 때문에 그에게는 죽음이 아니다. 그래서 그는 파괴할 수 없는 삼위일체인 3 중체라고 하는데, 한편으로는 죽어 없어지는 4 가지 물질을 의미하는 4 중체라고도 한다.

이 4 중체 또는 하위 인간은 우주적, 물리적인 법칙이나 질료의 산물이다. 다른 물리적인 것들과 마찬가지로 이것도 시간의 흐름에 따라 우주의 물질로부터 진화해 왔으며, 따라서 인류 전체를 지배하는 각종 물리적, 생리적, 심리적 법칙들의 영향을 받는다. 따라서 다리

구조물에 사용된 철근 강도의 한계를 기술자가 유추해 내듯이, 그것이 지속될 수 있는 시간도 계산해 낼 수 있다. 이 구성물들로 이루어진 인간의 형태는 그것이 존재하는 진화 기간의 법칙에 따라 한정된다. 현재 일반적으로 인간 수명은 70년에서 100년이지만, 가능한 수명은 더 길어질 수 있다. 따라서 역사상 정상적인 인간이 200년까지 산 경우도 있으며, 자연의 오컬트 법칙을 아는 경우 이 수명은 400년까지도 연장될 수 있다.

✓ 보이는 인간: 뇌, 신경, 피, 뼈, 임파액, 근육, 감각 및 행동 기관, 피부
✓ 보이지 않는 인간: 아스트랄체, 열정과 욕망, 생명 원리(프라나 *또는* 지바 라고 불려짐)

그러므로 인간의 육체는, 우리 눈에는 보이지 않지만 물질로 썩어 없어지는, 두 번째 부분까지 포함된다는 것을 알 수 있다. 사람들은 일반적으로 육안으로 볼 수 있는 것만을 진짜로 인정하는 습관에 젖어있기 때문에, 보이지 않는 것은 진짜가 아니든지 물질이 아니라고 생각하게 되었다. 그러나 지구상의 유해가스는 실제로 존재하는 강력한 물질이지만 눈에 보이지 않으며, 물은 조건이

바뀌어 비를 뿌리기전 까지는 공기 중에 확산되어 존재하지만 보이지 않는다는 사실은 잊고 있다.

상세한 설명에 들어가기에 앞서 요점을 다시 정리해보자. *진정한 인간*은 *아트마-붓디-마나스*의 삼위일체 혹은 영혼과 마인드이다. 그는 자신을 알기 위하여 어떤 매개체나 도구를 사용하여 자연과 접촉한다. 이러한 도구나 매개체는 하위의 4 중체에서 발견되며, 각각 원리는 그 자신의 고유 영역에 속하는 특별한 경험을 위한 도구가 되는데, 육체는 가장 하위이고, 가장 중요치 않으며, 가장 일시적이다. 우리가 상위 마인드에서 내려와 육체에 도달할 때, 내면의 인간이 없다면 모든 관련 기관들은 그들 자체로는 감각도 없고 쓸모도 없다는 것을 알 수 있다. 시각, 청각, 촉각, 미각, 후각 등은 육체가 아니라 두 번째의 보이지 않는 체에 속한다. 그러한 감각 능력들을 사용하는 실제 기관들은 아스트랄체에 속하며, 육체에 있는 감각 기관들은 단지 자연과 이 내부의 실제 기관들을 연결시키는 외부의 기계적인 도구들에 불과하다.

5 장 육체와 아스트랄체

살, 뼈, 근육, 신경, 뇌질, 담즙, 점액, 혈액, 피부
덩어리로서의 육체는 너무나 많은 사람들의 주된 관심의
대상이다. 사람들은 자신의 육체를 그들의 "신"으로
생각한다. 왜냐하면 그들의 육체와 자기 자신을
동일시하게 되었으며, 그들이 "나"라고 말할 때 그것은
육체만을 의미하기 때문이다. 육체 혼자만으로는 감각이
없으며, 그런 경우 순전히 반사적인 행동과 무의식적인
행동만을 하게 된다. 우리가 잠을 잘 때 이런 모습을 볼
수 있는데, 깨어있을 때는 용납되지 않을 동작들이나
자세들을 수면 상태 속에서는 취하게 된다. 육체는 마치
대지와 같아서 그 안에 무수히 많은 미세한 "생명체"들로
이루어져 있다. 이 생명체들 각각은 하나의 민감한
점들이다. 거기에는 미생물, 세균, 박테리아만 있는 것이
아니라, 이들은 다른 생명들로 이루어져 있으며, 그 다른
생명들은 그보다 더 미세한 생명들로 이루어져있다. 이들
생명체들은 육체의 세포들이 아니지만 세포들을 구성하며,
진화의 법칙이 그 세포에게 허용한 범위를 항상 지키고
있다. 그들은 살이나 막, 조직, 뼈 그리고 혈액과 같이
눈에 보이는 곳뿐만 아니라, 겉으로 보기에는 텅 비어있는
곳 등을 포함한 몸 전체 구석구석을 함께 회전하고

움직인다. 그리고 그들은 육체의 실제 범위를 넘어서 상당한 거리까지 확장되어 있다

물질 생명의 신비들 중에 하나가 바로 이런 "생명체들(lives)" 속에 숨겨져 있다. 프라나 혹은 지바라고 부르는 생명 에너지에 의해서 강요된 그들의 행동이 활동적인 존재와 육체적인 죽음을 설명해 줄 것이다. 그들은 두 가지 부류로 나누어진다. 하나는 파괴자들이고, 다른 하나는 보존자들이다. 이 두 부류는 우리가 태어날 때부터 결국에는 파괴자가 승리할 때까지 서로 전쟁을 한다. 이 싸움에서 생명 에너지 그 자체가 이 싸움을 끝낸다. 왜냐하면 죽게 만드는 것이 바로 생명이기 때문이다.

아마도 이것이 이단적으로 보이지만, 그러나 신지학 철학에서는 그것이 사실로 받아들여진다. 왜냐하면 어린 몸의 세포들 속에 있는 보존자들은 아직 다른 부류인 파괴자에 의해 정복되지 않았기 때문에, 건강한 기관들의 조합인 육체가 공간 속에서 육체를 감싸고 있는 생명을 흡수할 수 있어서 어린 아이가 사는 것이고, 어린 아이는 생명의 흐름의 강력한 힘에 의해서 매일매일 잠들게 된다. 잠들고 다시 깨어나는 이러한 과정들은 순전히 수면

속에서 균형을 회복하는 것이고 깨어 있을 때 균형을 어지럽힘으로써 일어난 활동이다. 이것을 전기 빛에 비유할 수 있다. 저항시점에 밝게 빛나는 빛은 깨어 활동하는 사람을 상징한다. 그래서 잠자는 동안 우리는 다시 생명에너지에 저항하는 것이 아니라 생명에너지를 흡수하는 것이다. 그리고 깨어 있을 때 그것을 발산하는 것이다. 그러나 그것은 마치 그 속에서 우리가 헤엄치는 바다처럼 우리를 둘러싸고 존재하고 있기 때문에, 그것을 배출할 수 있는 우리들의 힘이 제한적일 수밖에 없다. 잠에서 막 깨어난 순간 우리는 조직과 생명에 대해서 균형상태에 있으며, 잠 속으로 들어갈 때 아침에 비해 보다 많은 생명으로 가득 차 있게 되어, 그 생명이 우리를 지치게 만들었으며 결국에는 육체를 죽이게 된다. 이러한 싸움은 영원히 지속될 수가 없다. 왜냐하면 전체 태양계의 생명의 무게가 아주 작은 인간의 육체 속에 집중되어 있는 저항하는 힘에 가해지기 때문이다.

지혜의 대스승들에 따르면, 인간의 구조 중 육체가 가장 일시적이고, 비영구적이며, 환영적이라고 한다. 단 한 순간도 육체는 똑같지 않다. 비록 만질 수 있지만 모든 부분이 항상 변하고 움직이고 있어서 결코 완전하지 않다. 고대인들도 이것을 분명하게 인식했다. 왜냐하면 그들은 나이미티카--정확한 산스크리트 용어는 니티야(Nitya)--프랄라야의 가르침 혹은 물질의 끊임없는 변화, 끊임없는 파괴에 대한 가르침을 정교화하였기 때문이다.

육체가 7년마다 완전한 변화와 재생을 겪는다는 가르침이 이제는 과학에서 알려져 있다. 7년이 지난 시점에 육체는 처음의 육체와 같지 않다. 우리가 생을 마감할 시점에는 아마도 일곱 번 혹은 그 이상 변했을 것이다. 그러나 성숙했을 때부터 죽을 때까지 대체로 같은 모습을 유지한다. 그리고 탄생에서 성숙할 때까지 인간의 모습을 하게 된다. 그것은 과학이 설명하지 못하는 하나의 신비이고, 세포와 일반적인 인간의 형태가 보존되는 방법에 관한 의문이다.

세포는 하나의 환상이다. 그것은 단지 단어에 지나지 않는다. 그것은 물질적인 것으로 존재하지 않는다. 왜냐하면 어떤 세포든 다른 세포들로 구성되어 있기 때문이다. 그렇다면 세포는 무엇인가? 그것은 "생명들"로 이루어진 실제 물질 원자들이 스스로 배열되어 있는 이상적인 형태이다. 물질 분자들이 육체로부터 끊임없이 이탈하고 있다고 인정되고 있기 때문에, 그것들은 매 순간 세포들을 떠나고 있다. 따라서 물질 세포는 없지만,

이상적인 막들과 일반적인 형태인 하나의 경계들만이 있을 뿐이다. 분자들은 자연의 법칙들에 따라서 이상적인 형태 속에서 자리를 잡고, 다른 원자들에게 자리를 내어주기 위해서 거의 즉시 떠난다. 육체에서 이러하듯이, 지구나 태양계에서도 마찬가지이다. 그리고 비록 느리기는 하지만 모든 물체들에서도 마찬가지이다. 그것들은 모두 끊임없이 움직이고 변화하고 있다. 이것이 현대의 지혜인 동시에 고대의 지혜이기도 하다. 이것은 투시력, 투청력, 텔레파시 그리고 독심술의 물리학적인 설명이다. 이것은 우리의 육체라는 것이 얼마나 믿을 수 없고 불만족스러운 것인지 보여준다.

엄밀히 말해서 인간의 두 번째 구성요소는 아스트랄체 (산스크리트어로 링가-샤리라)이지만, 생명에너지 (산스크리트어로 프라나와 지바)와 같이 생각해 볼 것이다. 왜냐하면 생명 현상이 육체와 연관되어서 더 분명하게 나타나기 때문이다.

생명은 기관들의 작용의 결과가 아니며, 육체가 없어질 때 사라지지도 않는다. 그것은 보편적으로 퍼져 있는 하나의 원리이다. 그 안에서 지구가 떠다니는 바다이다; 그것은 지구와 모든 것 그리고 그 지구 위에 있는 사물을 침투해 있다. 그것은 우리를 관통해서 부딪치면서 우리 주위에서 끊임없이 작용한다. 우리가 어떤 육체를 차지하고 있을 때, 우리는 프라나와 지바를 다루기 위한 어떤 다른 도구보다 한층 더 특화된 도구를 사용하는 것이다. 엄밀하게 말해서, 프라나는 숨결이다; 그리고 숨결은 인간이 생명을 유지하는 데 필수이기 때문에, 이것이 더 적합한 단어이다. 지바는 '생명'을 의미하며, 동시에 살아있는 혼에게도 적용된다. 왜냐하면 일반적으로 생명은 지고의 대생명 그 자체에서 유래되기 때문이다. 따라서 지바는 일반적인 적용이 가능한 반면, 프라나는 보다 구체적이다. 어떤 사람의 육체를 화장하면 그 근원으로 돌아갈 일정량의 생명에너지를 가지고 있다고 말할 수 있는 것이 아니라, 오히려 그것이 들어가 있는 물질덩어리와 작용한다고 말할 수 있다. 말하자면 우리는 살아가면서 그것을 사용하거나 배출하는 것이다. 왜냐하면 우리가 살아있건 죽어 있건 간에, 생명−에너지는 여전히 거기에 있기 때문이다; 살아있는 동안에는 우리의 기관들을 지탱해주고, 죽었을 경우에는 파괴로부터 생겨나는 무수히 많은 피조물들 속에 있을 것이다. 새가 둥둥 떠 다니는 공기를 지워버릴 수 없듯이, 우리는 이 생명 없이 지낼 수 없다. 그리고 지구 위에 있는 모든 공간을 채우고 있는 공기처럼, 이 생명이 채우지 않는 곳이 없어서 그 혜택을 잃어버릴 수도 없고 또한 최후의 파괴적인 힘에서도 벗어날 수가 없다. 그러나 육체에 작용할 때, 이 생명(프라나)은 어떤 도구나 수단이 필요한데, 그것이 바로 아스트랄체이다.

이것에 대한 이름은 많이 있다. 산스크리트어인 링가-샤리라는 설계체를 의미하는데 이것이 가장 나은 이름이다; 그리고 에텔복체, 유령, 환영, 도플갱어, 개성적인 인간, 페리스프릿, 비이성적인 혼, 동물 혼, 부타(Bhuta), 엘리멘터리, 도깨비, 마귀, 악마 등이 있다. 이들 중 몇 가지는 사망한 후에 육체가 없을 때에만 적용된다. 부타(Bhuta), 악마, 엘리멘터리는 거의 동의어인데, 첫 번째는 산스크리트어이고, 나머지는 영어이다. 힌두인들에게 부타는 아스트랄체이지만, 죽음으로 인해 육체와 마인드에서 벗어난 것을 말한다. 그리고 이렇게 양심에서 분리되기 때문에 그들이 판단하기에 그것은 악마(devil)인 것이다. 악마가 타락한 천사라는 오래된 관념을 버리지 않는다면, 그렇게 크게 틀리지 않다. 왜냐하면 이 육체적인 악마는 땅에서 생겨나는 어떤 것이기 때문이다.

아마도 이 용어가 이런 목적에서 정확하지 않다고 반대할지도 모르겠다. 이런 반대는 영어라는 언어의 기원이나 성질에서 야기된다. 왜냐하면 영어는 자연과의 투쟁이나 상인들 사이에서 발전해왔기 때문에, 보이지 않는 인간의 광대한 영역의 능력들과 기관들을 지칭하는 데 필요한 용어들이 아직은 없기 때문이다. 그리고 영어권내 철학자들은 이러한 내면의 기관들의 존재를 인정하지 않았기 때문에, 정확한 용어들이 영어 속에는 존재하지 않는다. 따라서 내면의 체를 설명하는 용어들을 찾을 때, 영어 속에서 유일하게 발견되는 단어가 바로 "아스트랄체"였다. 이 형태의 물질이 우주 물질 혹은 별의 물질에서 유래하기 때문에 이 용어가 거의 사실에 근접한다. 그러나 고대의 산스크리트어는 그것을 정확하게 설명한다. 즉 링가 샤리라 혹은 설계체. 왜냐하면 이것이 육체의 디자인 혹은 모형이기 때문이다. 이 용어가 에텔체보다 더 나은 표현인 것은 에텔체라는 용어는 육체에 뒤따르는 것처럼 말해지기 때문이다. 반면에 이 체가 육체 보다 선행하기 때문이다.[3]

---

3 근대 신지학 초기 문헌에서 종종 발견되는 것으로, 에텔복체와 감정체인 아스트랄체를 혼용해서 사용하였다. 이런 용어의 혼란을 줄이기 위해서 나중에는 엄격하게 구분하여 사용하였다. 즉, 생명 에너지의 매개체로 에텔복체를, 감정의 매개체로 아스트랄체를 구분하여 사용하였다. 본서에서 아스트랄체는 후대 문헌에서 에텔체로 부른 체이다—역자주.

아스트랄체는 눈에 보이는 육체에 비하여 아주 섬세한 조직의 물질로 이루어져 있고 상당한 정도의 탄성을 가졌기 때문에, 육체가 매 순간 변화하는 반면, 그것은 평생 동안 거의 변화하지 않는다. 그리고 엄청난 힘을 가지고 있을 뿐만 아니라 동시에 상당한 거리까지 확장할 수 있는 탄력성을 가지고 있다. 아스트랄체는 유연하고, 자유자재로 형태를 바꿀 수 있으며, 확장 가능하고 또한 강하다. 아스트랄체의 구성 물질은 그 본질이 전기적, 자성적인 물질이며, 인간을 위해서 육체를 만들어 내는 진화 단계까지 아직 도달하지 않았을 무렵인 아주 먼 과거에 전체 세계를 구성했던 바로 그 물질이다. 그러나 그것은 거칠거나 조잡한 물질이 아니다. 엄청나게 장구한 진화 기간을 거치면서 동시에 셀 수 없이 많은 정화과정을 거치면서, 그것의 성질이 우리가 육안이나 손으로 보고 느낄 수 있는 어떤 물질요소보다도 훨씬 더 높은 정도로 세련되어졌다.

아스트랄체는 물질적인 육체를 위한 안내 모형이고 다른 모든 세계들에도 똑같이 아스트랄 모형이 있다. 식물, 광물 그리고 동물들도 또한 에텔복체를 갖고 있다. 그리고 이 이론만이 씨앗이 어떻게 자신과 같은 종류를 생산하고 모든 의식을 가진 존재들도 자신과 같은 종류를 탄생시키는지에 대한 질문에 해답을 줄 수 있는 유일한 이론이다. 식물학자들은 우리가 알고 있는 사실들만을 말할 뿐이며, 왜 도토리는 참나무로 자랄 수밖에 없는지 그 누구도 이유를 제시하지 못한다. 그러나 과거의 오래된 학파들에서 진정한 가르침이 알려져 있었고, 블라바츠키 여사와 그녀의 저술에서 영감을 찾은 사람들의 노력을 통해서 서구에 다시 한번 나타나게 되었다.

지구의 진화 초기에 다양한 자연계들이 처음 계획이나 이상적인 형태로 윤곽이 잡히고, 그리고 생명원리의 도움으로 이 계획 위에서 아스트랄 물질이 작용하기 시작했으며, 오랜 시간이 흐른 뒤에 비로소 아스트랄 형태의 인간의 형상이 진화되고 완전해졌다고 이 가르침은 말한다. 이것이 인류가 가졌던 최초의 형태인데, 에덴동산에 있는 인간 상태의 비유와 어느 정도 부합한다. 또 다른 긴 세월이 흐르면서 물질 속으로의 하강이 더욱 진전되었으며 그래서 마침내 아스트랄 형태가 '피부막'을 입게 되었고 현재의 형태가 나타나게 되었다. 이것이 아담과 이브에게 피부막을 주는 것으로 묘사한 창세기의 구절에 대한 설명이다. 이것이 물질 속으로의 최후 하강이며, 그 순간부터 내면의 인간은 물질 덩어리를 보다 높은 상위수준으로 끌어올리고, 보다 더 많은 영적인 영향력으로 그것에 생명력을 불어넣으려고 싸워왔다. 그래서 현재 주기가 끝난 후 다음의 위대한 진화기간 동안에 한층 더 멀리 갈 수 있도록 준비하는 것이다. 따라서 현재 자궁 속에서 자라고 있는 아이의 모형은 아이가 태어나기 이전에 이미 형태가 완성된 아스트랄체이다. 아이가 완성될 때까지 분자들이 스스로 정렬하는 것이 바로 이것에 기초를 둔 것이다. 그리고 에텔 모형체가 있다는 것으로 형태가 어떻게 형체로 자라는지, 눈이 어떻게 내부에서 얼굴 표면으로 밀고 나오는지, 그리고 의사들이 묘사는 하지만 설명하지는 못하는 발생학에 남아 있는 많은 신비스러운 문제들에 대해서 설명해 줄 것이다.

또한 자궁 속에 있는 아기에게 상처가 난 경우, 그 어떤 것도 설명할 수 없었지만, 이것으로 설명이 가능하다. 물론 의사들은 부정하지만 종종 일어나는 경우라는 것은 주의 깊게 관찰한 사람들이라면 잘 알고 있다. 자라나는 육체의 형태는 아스트랄 모형에 달려 있다. 그것은 육체적 심령적 기관들에 의해서 어머니의 상상력과 관계가 있다. 어머니는 공포, 두려움, 기타 다른 것으로부터 강한 인상을 만들며 아스트랄 모형도 비슷하게 영향을 받게 된다. 선천적으로 다리가 없는 특징을 지닌 경우,

어머니의 강한 상상이나 생각들이 아스트랄 다리를 수축시키거나 자르도록 작용한다. 그리고 그 결과로 작용할 다리의 모형을 가지고 있지 못한 분자들은 어쨌거나 물질적인 다리를 만들지 못한다. 그리고 다른 모든 경우에도 비슷하다. 한편 외과의사가 잘라버린 다리를 느끼는 사람이나 수술로 절단된 손가락을 느끼는 경우, 아스트랄 조직은 손상되지 않았으므로 여전히 자신에게 그것이 있는 것처럼 느끼는 것이다. 칼이나 산성은 아스트랄 모형을 다치게 할 수 없지만, 초기의 성장 단계에서 생각들이나 상상력은 산이나 날카로운 금속의 힘을 갖게 된다.

실천적인 오컬티즘 훈련을 받지 않았거나 선천적으로 그런 능력을 갖지 못한 보통 사람들의 경우, 이것은 육체로부터 약 30~60센티미터 이상 뻗어가지 못한다. 이것은 육체의 일부분이고 육체를 지탱하며, 마치 망고의 섬유소가 과일 전체를 꽉 채우고 있는 것처럼 그렇게 육체 속에 합쳐져 있다. 그러나 지구에서 전생에 받았던 훈련으로 무의식적으로 이 체를 내보내는 선천적인 능력을 가진 사람들도 있다. 그들은 영매가들, 투시가들 그리고 많은 히스테리성 환자나 강직증자 혹은 연주창에 걸린 사람들이다. 도덕적 정신적 성질에까지 다다르는 몹시

혹독한 수련과정을 스스로 거쳐서 보통 사람의 능력을 넘어선 사람들은 아스트랄 형체를 자유자재로 사용할 수 있다. 왜냐하면 그들은 육체가 영원히 지속되는 그들 자신의 일부분이라는 환상을 극복했으며, 게다가 그 물질 영역을 지배하는 화학적, 전기적 법칙들을 배웠기 때문이다. 그들은 의식적으로 알면서 행동한다; 다른 경우에는 그 행위를 막거나 마음대로 할 수 있는 힘없이 혹은 고귀한 성격의 잠재력을 사용할 때 수반되는 위험들을 피할 수 있는 힘없이 행위를 하기도 한다.

이 체는 그 안에 외부 감각기관들의 진정한 기관들을 가지고 있다. 그 안에는 시각, 청각, 후각, 촉각이 있다. 또한 육체의 혈액에 해당하는 아스트랄 유액의 전달을 위한 동맥과 신경 시스템들을 완전하게 가지고 있다. 그것이 진정한 인간이다. 오늘날의 최면가들이 다루지만 혼란스러워하는 무의식적인 인식과 잠재적인 기억이 거기에 자리잡고 있다. 그래서 육체가 죽으면 아스트랄 인간은 해방된다. 그리고 임종 시 불멸의 인간, 즉 삼위일체는 다른 상태로 날아가고, 이 체는 한 때 살고 있던 사람의 껍데기가 되어 시간이 지나면서 서서히 흩어진다. 그것은 그 사람이 살았던 삶의 모든 기억을 간직하고 있어서 죽은 사람이 알고 말하고 생각하고 보았던 것을 자동적으로 그리고 반사적으로 되풀이할 수 있다. 그것은 완전하게 흩어질 때까지 버려진 육체 근처에서 배회하게 된다. 왜냐하면 그것도 또한 그 나름대로의 죽음의 과정을 겪어야 하기 때문이다. 그것은 어떤 환경 하에서는 눈에 보이기도 한다. 강령회 모임에서 나타나는 유령이 바로 그것이고, 이 사람 저 사람의 진짜 영으로 가장한 가면무도회를 벌이는 것도 또한 그것이다. 강령회 모임에 참가한 사람들이나 영매의 생각들에 이끌려서 이리 저리 희미하게 펄럭거리다가 엘리멘탈 힘들이나 활동적인 다른 영매의 아스트랄체에 의해서 인위적인 생명으로 살아나기도 한다. 그것으로부터(종종 사진으로부터) 심령주의자들이 주장하는 죽은 친구나 친척이라는 것을 증명해 보이는 증거들이 영매의 뇌 속으로 반영된다. 이러한 증거들은 죽은 자의 영이 지금 있다는 증거로 받아들여진다. 왜냐하면 영매나 참석자들은 그들 자신의 성질을 지배하는 법칙들이나 아스트랄 물질이나 아스트랄 인간의 기능이나 힘, 구조에 대해서 익숙하지 않기 때문이다.

신지학 철학은 강령회에서 증명된 사실들을 부인하지는 않는다. 하지만, 심령술사의 설명에 완전히 상반되는 설명을 제시한다. 그리고 이런 현상들을 일으키는 소위 영들이 제시하는 설명에는 논리적이고 과학적인 설명이 없기 때문에 그것들이 제시하는 것에는 어떤 지식도 없다는 주장을 뒷받침한다. 그들은 단지 어떤 현상들만을 일으킨다. 그것들을 조사하고 추론하는 것은 훈련된 두뇌를 가진 사람이 적절하게 할 수 있을 것이다. 그리고 또 다른 부류의 영적인 현상에 대해서 간단한 주의를 필요로 한다. 그것은 소위 "물현화한 영"의 출현이다.

다음과 같이 세 가지 설명을 할 수 있다. 첫째, 살아 있는 영매의 아스트랄체가 육체로부터 분리되어 보통 말하는 영의 모습을 띄는 것이다; 왜냐하면 아스트랄 물질의 특성들 중에 하나가 에테르 속에서 보이지 않게 존재하는 이미지를 반영할 수 있는 능력이기 때문이다. 두 번째, 죽은 사람의 진짜 아스트랄 껍질로, 영(spirit)과 양심이 전혀 없는 텅 비어 있는 껍질로 공기와 에테르의 상태가 아스트랄 껍질의 분자들의 진동을 바꾸게 해서 만져서 느낄 수 있고 볼 수 있게 된다. 밀도와 겉으로 보기에 무게가 있어 보이는 현상은 다른 법칙들에 의해서 설명할 수 있다. 셋째, 보이지 않는 전자기적인 물질을 수집해서 살아 있건 혹은 죽은 사람의 그림을 아스트랄 빛에서 꺼내서 그것에 반사시키는 것이다. 이것을 그 사람의 "영"이라고 생각하는 것이다. 그러나 그것은 영이 아니며 블라바츠키 여사가 불렀듯이 "심리적인 사기"이다. 왜냐하면 그 사람의 영이 아닌데 마치 그것인 것처럼 부르기 때문이다. 그리고 이상하게도 주기적으로 하는 강령회에서 이런 물현화하는 설명을 "영"이 준다.

마지막으로 아스트랄체는 일상 생활과 진정한 영매들이 다루는 것들 속에서 일어나는 모든 이상한 심령적인 것들을 설명해줄 것이다; 유령이 무엇인지, 그것을 볼 수 있는지를 보여줘서 의구심을 갖는 사람들로 하여금 양식을 훼손하지 않도록 방지하게 해준다; 이런 현상들의 진정한 성질을 보여줌으로써 미신을 제거해주고, 사람들이 "유령"을 보기를 두려워하는 미지의 것에 대한 비이성적인 두려움을 없애준다. 또한 그것으로 어떤 물리적인 접촉 없이도 물체들을 이동시키는 것을 설명할 수 있다. 왜냐하면 아스트랄 손이 뻗어 나와서 어떤 물건을 잡아서 신체가 있는 곳으로 끌어당길 수 있기 때문이다. 이것이 가능하다는 것을 보여줄 수 있다면, 그러면 컵이 날아다니고 먼 거리에 있는 물건이 저절로 다가오도록 만드는 힌두 요기들에 대해서 말하는 인도 여행자들을 비웃지 않을 것이다. 투시력과 투청력에 대한 모든 사례들도 아스트랄 빛과 아스트랄체로 설명할 수 있다. 아스트랄 기관들이 보고 들으며, 모든 물체들 속에서 원자들이 끊임없이 움직이고 있지만, 아스트랄 시각과 청각은 방해를 받지 않고, 지구를 둘러싸고 있는 아스트랄 빛 혹은 물질의 확장처럼 먼 거리에서도 잘 작동한다. 이렇게 먼 거리에 떨어져 있던 스웨덴보리가 스톡홀름에서 집들이 불타는 것을 본 것이며, 투시가들도 마찬가지로 먼 거리에서 보고 듣는 것이다.

6 장 카마 - 욕망

몇 분의 초인들께서 제시한 가르침들에 의해서 만들어지게
된 에소테릭 붓디즘은 신지학을 공부하는 사람들이라면
누구나 참조해야 할 만한 책으로, 이 책에서는 인간 구성
요소의 네 번째 원리를 "카마루파"라는 개념으로 제시하고
있다.[4] 산스크리트어인 "카마"는 욕망을 뜻하고 네 번째
원리는 "욕망과 격정의 덩어리 혹은 체(體)"라는 이미에서
씨네트 씨는 체나 형태를 의미하는 "루파"라는 단어를
추가하여, "카마루파"라는 복합어를 만들었다. 욕망이나
열정이 그것의 성질을 정확히 표현하고 있다고 생각되므로
이 용어를 계속 사용하겠다. 그리고 동서양의 심리학이나
정신 철학 사이에 존재하는 차이점을 부각시키기
위해서라도 욕망이라는 말을 계속 사용하겠다. 서구에서는
인간을 지성 의지 및 감정으로 나누지만, 격정이나 욕망이
그 자체로 인간을 구성하는 하나의 원리인지 혹은 순전히
육체에 속한 것인지 올바르게 이해되고 있지 않다. 사실
대부분의 사람들은 그것을 육체적 영향력의 산물이라고
본다. 왜냐하면 그것을 지칭하는 용어로 "육체의 욕망"
혹은 "육체적 갈망"이라는 말을 사용하기 때문이다.

---

4 초기 용어의 혼란에서 벗어난 이후에는 "카마루파" 용어 보다는
아스트랄체로 자주 사용되었다—역자주.

그러나 신지학자나 고대인들은 그것이 자체로 인간을 구성하는 하나의 원리이며 육체로부터 오는 단순한 충동이 아니라는 것을 알고 있다. 인간의 심령적 성질인 내면에 관한 지식이 서구에서는 거의 전무하거나 이제 태동하기 시작했기 때문에, 서구 심리학에서 이 문제에 대한 도움을 찾을 수는 없을 것이다. 바로 이런 관점, 즉 인간의 심령적인 성질에 대해서 가지고 있는 지식의 결핍과 유치함이라는 측면에서 신지학과 서구 심리학 사이에는 엄청난 큰 차이점이 있다.

욕망이나 격정은 육체에 의해서 만들어지는 것이 아니라 그와는 반대로 육체가 그것들에 의해서 만들어진다. 우리를 태어나도록 만드는 것이 바로 욕망과 격정이며, 그것이 우리로 하여금 이 몸에서 다른 몸으로 반복해서 다시 태어나도록 만드는 것이다. 지구에서의 삶이라고 불려지는 '죽음'의 대저택들을 지나서 진화하도록 만드는 것도 바로 욕망과 격정에 의해서이다. 미지의 제일 원인인 유일의 절대 존재 속에서 욕망이 일어남으로써 전체 모든 세계가 나타났으며, 이렇게 나타난 세계 속에 있는 욕망의 영향력에 의해서 현현된 세계가 계속 유지된다.

이 네 번째 원리는 전체 일곱 원리의 균형이 되는 원리이다. 그것은 가운데 위치하고 있어서 그것으로부터 위로 올라가거나 아래로 내려가게 된다. 그것은 행동의 기반이자 의지를 움직이는 것이다. 고대 헤르메스 학파에서 말했듯이, "의지 뒤에는 욕망이 있다." 왜냐하면 우리가 어떤 것을 잘하길 원하건 못하길 원하건 우선 우리는 우리 내면에서 어느 방향으로 향해야 할지 욕망을 불러 일으켜야만 하기 때문이다. 결국에는 성인이 된 선한 사람 역시 과거 수많은 생 중에서 어느 한 번은 성인들의 동반자가 되고자 하는 욕망을 일으켰으며, 계속 자신의 길을 걸어가기 위해서 진보의 욕망이 소멸하지 않도록 계속 유지해야만 했다. 심지어 부처나 예수도 그들의 어느 한 생에서 이 세계를 구하거나 그 일에 일부분이 되고자 하는 서원(誓願)을 하였으며, 무수히 많은 삶을 거치는 동안 그 욕망을 마음속에 생생하게 간직해왔다. 마찬가지로 악한 사람은 한 생 한 생 동안 비천하고 이기적이며 사악한 욕망들을 쌓아서 본질을 정화시키는 대신에 오히려 더욱더 더럽게 만들었다. 우리들 성질에 숨겨져 있는 내면의 힘들을 사용하는 오컬티즘의 물질적, 과학적인 측면에서 만약 욕망의 원리가 충분히 강하지 않다면 상상력이라는 위대한 힘은 제기능을 다할 수 없을 것이다. 왜냐하면 비록 상상력에 의해서 어떤 틀이나 모형이 만들어진다 해도 의지가 욕망에 의해서 움직여서 고양되지 않는다면 그 의지는 활동할 수 없기 때문이다.

그러므로 욕망과 격정은 낮은 면과 높은 면, 즉 두 가지 면을 동시에 가지고 있다. 낮은 측면은 의식을 육체와 아스트랄체와 같은 낮은 곳에 지속적으로 놓아둠으로써 나타나는 것이고, 반면에 높은 측면은 상위 삼위일체, 즉 영, 붓디, 마인드를 향한 열망과 그것의 영향에서 오는 것을 말한다. 이 네 번째 원리는 12 궁도를 지나가는 태양의 길에 있는 천칭좌와 같다. 진짜 인간인 태양이 천칭좌에 도착했을 때, 그것은 균형을 잡으며 떨게 된다. 만약 태양이 되돌아간다면 이 세계는 사라지게 될 것이다. 그러나 태양은 계속 앞으로 나아갈 것이고, 인류 전체는 고양되어 완성을 이루게 될 것이다.

살아있는 동안에 아스트랄체를 가지고 욕망이나 열정을 얻기 때문에 그것은 하위 인간 전체에 두루 퍼져 있으며, 신체의 에텔 부분과 유사해서 더해질 수도 있고 줄어들 수도 있으며, 강해지기도 하고 약해지기도 하며 정화되기도 하거나 더럽혀질 수도 있다.

죽게 되면 그것은 단순한 껍질이 될 아스트랄체에 생명력을 불어넣는다. 왜냐하면 사람이 죽으면 그의 아스트랄체와 격정 욕망의 원리는 육체를 떠나서 서로 결합한다. 바로 그 때 "카마루파"라는 말을 적용할 수 있다. 즉 카마루파는 아스트랄체와 카마가 결합되어 만들어지며, 보통 때는 보이지 않지만 보이게 할 수 있는 물질로 이루어진 형상이나 형태를 만든다. 비록 그것에는 마인드나 양심이 없지만, 그것은 조건이 허락될 때는 언제나 사용할 수 있는 그 나름대로의 힘을 가지고 있다. 이러한 조건들은 심령주의자들의 영매들에 의해서 제공되며, 죽은 자들의 아스트랄 껍질은 놀라움으로 분별력을 잃은 사람들을 현혹시키기 위해 모든 강령회에 나타난다. 그것이 바로 힌두교에서 말하는 '악마'이며, 가련한 영매들에게 이보다 더 나쁜 적은 없을 것이다. 왜냐하면 아스트랄 유령은 "천국"으로 올라간 사람들에 의해서 버려진 욕망이나 격정의 덩어리일 따름이며, 강령회의 회합 장소에 있는 사람들 및 뒤에 남아 있는 사람들에 대해서는 결코 관심이 없기 때문이다. 그러므로 고귀한 혼이 없기 때문에 이러한 욕망이나 격정은 영매의 성질중 가장 하위 부분에만 주로 그 힘을 미치게 되어, 항상 저급한 성향을 자극하며 좋은 요소들을 자극하지는 않는다. 그러므로 심지어 심령주의자들 조차도 인정하고 있듯이, 영매들 중에도 많은 사기가 있으며, 영매 자신들도 "영들이 나를 유혹했으며 나는 그들이 원하는 대로 사기를 저질렀다"고 고백한다.

또한 이 카마루파 유령은 범죄를 저지른 사람들을 사형시켜서 육체의 무게로부터 자유롭게 되어 언제라도 민감한 사람들에게 이끌리기 쉬운 격정과 욕망의 덩어리를 에테르 속으로 내던지게 만드는 인류 문명 사회의 적이다. 이렇게 끌려지게 되면 범죄의 비참한 이미지들과 사형 집행 모습 그리고 그에 따르는 저주와 복수심들이 살아있는 사람에게 심어지게 되는데, 이러한 것들을 보지 못하는 사람들은 그것들을 떨쳐 버릴 수가 없다. 이와 같이 사형제도를 존속시키고 있는 나라들에 의해서 범죄들과 그 범죄들에 대한 새로운 생각들이 나날이 퍼지고 있다.

아스트랄 껍질은 아직은 생기가 있는 영매의 아스트랄체와 함께 신지학에서 말하는 "엘리멘탈"이라고 불리는 특정한 자연령의 도움으로 강령술의 각종 신빙성 있는 현상들을 만들어낸다. 확장력과 이탈 능력을 가진 영매의 아스트랄체는 우리들의 삶의 영역 근처에서 떠돌고 있는 자살한 사람들이나 사형당한 사람들의 껍질들과 온갖 유령들에 의해서 사용되며, 물리적인 접촉 없이도 물체를 움직이거나, 죽은 친척들로부터의 소식--단지 아스트랄 빛의 영사에 불과하지만--을 전하는 소위 "물현화된 영들"의 기본 골격을 이루고 있다. 육체에서 나온 영과 실제로 의사소통이 이루어지는 경우는 한 손안에 꼽을 정도로 드물다. 그러나 가끔 자신의 육체가 수면을 취하는 동안 살아있는 사람들의 영들이 강령회에 참석하는 경우도 있다. 그러나 그들은 그 사실들을 기억하지 못하고 그들이 어떻게 그렇게 했는지 알지 못하며, 또한 영매들 역시 다른 죽은 사람들의 아스트랄체들과 구분하지도 못한다. 내면의 인간이 이러한 일들을 하고 기억해 내지 못한다는 사실이 이러한 이론들에 배치되는 것은 아니다. 예를 들어 아이들이 자신의 눈이 어떻게 기능하는지 모르지만 볼 수 있거나, 야만인이 자신의 복잡한 육체적 기능에 대한 지식 없이 완벽하게 소화기능을 수행하는 것처럼. 오히려 내면의 인간이 하는 이러한 행위들을 하위 의식이 의식하지 못하는 행위라는 것이 이론과 더 정확히 일치한다. 물론 무의식이라는 것은 뇌의식에만 국한된 개념이므로, '의식적' '무의식적' 이라는 말은 상대적인 의미로 사용된다. 그리고 최면 실험들에서도 이러한 이론들을 결정적으로 증명했으며, 머지 않아 이와 같은 이론들이 충분하게 받아들여질 것이다. 또한 자살한 사람들과 사형당한 범죄자들의 아스트랄 껍질들은 저승의 그림자들 중에서 가장 끈질기고 오래 살며, 우리에게 가장 가까이 존재하므로 상황의 필연성에 의해서 강령회의 어두운 방에서 일어나는 현상들을 통제하는 진짜 "통제자"들이다.

아스트랄체와 함께 격정 및 욕망은 인간과 동물뿐만 아니라 그 발달 정도가 아직은 희미한 식물계에도 존재한다. 진화상의 어떤 한 시기에 마인드, 혼, 영의 상위 원리가 잠재해 있었고, 다른 물질적 원리들의 발달이 없었던 때가 있었다. 이 시점까지 인간이나 동물은 모두 동등하다. 왜냐하면 인간 속에 있는 동물은 격정과 아스트랄체로 구성되어 있었기 때문이다. 엄청난 차이를 의미하는 마인드의 싹이 발전함에 따라서 인간이 만들어졌다. 내면의 신은 마나스로부터 시작되며, 바로 신지학에서 자주 언급하거나 경고하는 싸움이 바로 이 신과 하위 동물간의 싸움이다. 하위 원리는 상위 원리와 비교해서 좋지 않은 것으로 여겨지지만, 그럼에도 불구하고 그것은 행동의 기반이 된다. 우리는 더 잘하려는 욕망으로 자신을 먼저 나타내지 않으면 발전할 수 없다. 바로 이런 점에서 그것을 '라자스', 즉 활동적이며 나쁜 속성이라고 부르며, 어둠과 무관심의 속성인 '타마스'와 구별된다. 라자스가 있어서 충동을 주지 않으면 인간은 일어설 수 없다. 그리고 이런 격정의 원리를 이용함으로써 결국에는 모든 상위 특성들이 욕망들을 세련되게 만들고 고양시켜서, 그 욕망들이 진리와 영에 지속적으로 놓일 수 있게 된다. 그렇다고 해서 신지학은 격정을 탐닉하거나 지칠 때까지 충족시켜야 한다고 가르치는 것이 아니다. 왜냐하면 이 보다 더 유해한 가르침이 없었기 때문이다. 요점은 이기심과 무관심 속에서 시작하여 결국에는 어두움의 속성이 지배하는 영역으로 떨어지지 않고 계속 상승하기 위해서는 네 번째 원리가 주는 활동성을 이용해야 한다는 것이다.

지금까지 하위 원리들이 무엇인가를 살펴본 후에 우리는 다음과 같은 신지학의 가르침을 이해하게 된다. 즉 현재 시점에서의 인간의 진화수준은 하위 네 원리는 충분히 발달되어 있는 반면, 상위 세 원리는 부분적으로 발달되어 있는 상태라는 것이다. 또한 오늘날의 인간들 역시 격정과 욕망에 의해서 움직여지고 있다는 것을 보여주고 있다. 지구상에 있는 문명들을 보면, 이것을 증명해 준다. 왜냐하면 그것들은 모두 바로 이 욕망의 원리에 의해서 움직여지기 때문이다. 그리고 프랑스, 영국, 미국과 같은 나라들에서는 과시나 감각적인 예술, 권력이나 지위를 향한 싸움에 관심을 기울이고 있다는 것과 감각의 만족이 때때로 최고의 선으로 간주되는 여러 가지 생활습관이나 방식들 속에서 나타나는 것을 볼 수 있다. 그러나 우리가 인류의 발달 단계를 따라 마인드가 차츰 진화해감에 따라, 모든 나라에서 마인드의 씨앗을 가진 동물에서 완전한 마인드를 가진 인간으로 바뀌어 가기 시작하는 것이 감지되고 있다. 그러므로 고대 진리의 일부분이나마 전해준 스승들은 오늘날을 "과도기"로 본다. 오만한 과학과 그보다 더 오만한 종교는 이 사실을 인정하지 않고 현재 우리 모습이 항상 그대로 일 것이라고 생각한다. 그러나 스승을 믿는 신지학자들은 인류의 마인드가 확장되면서 바뀌고 있다는 것과 교조주의의 구시대는 가고 "탐구의 시대"가 도래했으며, 시간이 지남에 따라서 탐구하고자 하는 의문들이 점점 더 커지고 마인드가 점점 더 성장하여 그것을 만족시켜줄 해답이 더욱 절실하게 요구되어 마침내 모든 교조주의는 끝이 나고, 나아가 인류 각자가 스스로 모든 문제에 맞서게 되어 전체 선을 위하여 일하게 되며 궁극적으로는 동물성을 극복하기 위하여 싸워온 사람들이 완전하게 된다는 것을 주위에서 볼 수 있을 것이다. 이러한 이유 때문에 고대의 가르침들이 다시 주어지는 것이고, 신지학은 모든 사람에게 낮은 동물적

속성에 굴복할 것인지 아니면 내면의 신에 의해서 다스려질 것인지 생각해 보도록 요구하고 있다.

우리는 이상에서 인간을 구성하는 네 번째 원리에 대해 충분하게 조망함으로써 동양에서 경이로운 일을 행하는 사람들과 심령 현상, 최면, 빙의 및 정신이상과 같은 문제를 다 고려해야 한다. 그러나 이런 것들에 대해서는 나중에 따로 다루게 될 것이다.

7 장 마나스 -마인드

지금까지 우리는 하위 인간을 구성하는 사라지기 쉬운 요소들만을 고려해 보았으며, 마인드란 무엇인가에 대한 접근 없이 네 번째 원리인 욕망까지 설명했다. 인간의 마인드에 대해서 가지고 있는 일반적인 생각들과 신지학의 가르침들 사이에는 커다란 차이가 있다는 것을 지금까지 알아본 것만으로도 분명히 알 수 있다. 일반적으로 인간의 마인드는 비물질적이며 생각을 만들어 내는 두뇌 작용을 지칭하는 이름뿐이라고 여겨져서 두뇌가 없으면 마인드도 있을 수 없다고 생각되었다. 그리고 마인드 기능들이나 속성들을 분류하는데 많은 관심을 두었기 때문에, 인간에 관한 형이상학적 영적인 사실들을 설명할 만한 용어들이 부족하게 되었다. 그 이유를 보면, 첫째 이성이 받아들일 수 없는 교리와 가르침을 수세기 동안 주장하고 강요해온 독단적인 종교 때문이다. 두 번째는 종교에 의해서 채워진 과학에 대한 구속이 사라지면서 과학이 자연 속에 있는 사실들을 다룰 수 있게 되자마자 종교와 과학 사이에 커져 버린 싸움 때문이다. 그래서 과학은 종교에 대한 반작용으로 자연과 인간에 대한 물질적인 관점을 제외하고 다른 어떤 견해도 취할 수 없게 되었다. 그러므로 과학이나 종교에서 '진정한 인간'을 설명하는 데 필요한 말들을 찾지 못하게 되었다.

다섯 번째 원리는 '마나스'로 종종 마인드로 번역되기도 한다. 다른 이름들도 있지만, 그것의 의미는 본질적으로 "아는 자", "인식자", "사고자"이다. 여섯 번째가 붓디 혹은 영적 분별력이고, 일곱 번째가 아트마 혹은 영으로 절대적 존재에서 나온 광선이다.

진화과정은 하위 원리를 발달시켰으며, 결국에는 다른 어떤 동물보다도 더 우수한 두뇌 역량을 가진 인간이라는 형체를 만들어 냈다. 그러나 이 형체 속에 있는 인간은 마인드를 가진 인간이 아니기 때문에 동물계와 구분하기 위해서 자의적인 존재가 될 수 있는 힘을 부여하는 다섯 번째 원리, 즉 생각하고 인식하는 원리가 필요했다. 이러한 형체들 속에 갇힌 모나드는 아트마와 붓디로 구성되어 있으며, 모나드 없이는 진화란 있을 수 없다. 인류가 마인드가 없었던 때로 잠시 거슬러 올라가 보면, 다음과 같은 의문이 생긴다: "누가 마인드를 주었으며, 그것은 어디에서 왔는가? 마인드란 무엇인가?" 마인드는 바로 위에 있는 신의 영과 아래에 있는 개성과의 연결 고리이다. 그것은 이제는 이미 끝이 나서 완성을 이룬 이전 세계에서 매우 오래 전에 이런 진화과정을 다 거친 존재들이 마인드 없는 모나드들에게 준 것이다. 물론 이것은 이론이며, 이상해서 받아들여지기 힘든 내용들이다. 하지만 신지학에 관한 진리를 말하기 위해서는 언급해야만 하며 이전에 다른 분들이 말씀하신 것을 전해주는 것뿐이다.

마인드 없는 인간에게 마인드의 빛을 주는 방법은 하나의 촛불을 가지고 많은 촛불을 밝히는 것으로 설명할 수 있다. 하나의 촛불만이 켜져 있고 나머지는 켜져 있지 않다면, 하나의 촛불로 다른 초들에 불을 붙일 수 있을 것이다. 마나스가 바로 그렇다. 그것은 불이 켜진 촛불이다. 네 가지 기본 원칙들을 가지고 있는 마인드 없는 인간은 자신을 밝힐 수 있는 불이 켜지지 않은 초들이다. 인류라는 가족의 대스승들인 지혜의 아들들은 그 빛을 가지고 있는 존재들이다. 그리고 그 빛은 시작도 끝도 없이 끊임없이 거슬러 올라가는 다른 존재들에서부터 유래된 빛이다. 그들이 결합된 하위의 원리들과 모나드에 불을 붙였으며, 이렇게 해서 새로운 인간 속에 마나스를 밝힘으로써 위대한 인종으로 하여금 최후의 비전을 준비하게 하였다. 마나스의 불을 밝히는 것은 모든 위대한 종교들이나 프리메이슨에서 상징적으로 나타나있다.

동양에서는 한 명의 승려가 제단에서 불을 붙인 하나의 촛불을 가지고 나타나면 많은 다른 승려들이 이 촛불로부터 자신들이 가지고 있는 초에 불을 붙인다.

마나스는 윤회하는 존재이며 다른 모든 전생에서의 결과들과 가치 있는 것들을 가지고 있는 불멸의 존재이다. 마나스는 육체에 결합하는 순간 이중의 성질을 가지게 된다. 인간의 두뇌는 우수한 유기체이며, 가정들로부터 결론에 도달하도록 사고하는데 마나스가 이 두뇌를 이용한다. 이것이 인간과 동물을 구분 짓는 것이기도 하다. 동물은 자동적이고 본능적인 충동에 따라서 행동하지만 인간은 이성을 사용할 수 있다. 이것은 마나스의 낮은 수준의 모습이다. 어떤 사람들이 가정하듯이, 이성은 인간이 가지고 있는 최상의 선물이 아니다. 다른 면은 직관으로 이성에 의존하지 않는 면이다. 낮은 수준의 순전히 지성적인 면은 욕망의 원칙에 가장 가까우며, 상위의 영적인 원칙들과 친화력을 갖는 다른 면과는 구분된다. 그래서 '사고자(마나스)'가 완전히 지성적으로 바뀌면 전체 성질은 낮은 수준으로 기울게 된다. 왜냐하면 지성 혼자만으로는 차갑고 따뜻함이 없으며 이기적이기 때문이다. 즉 그것은 아트마 붓디에 의해서 밝혀지지 않았기 때문이다. 마나스 속에는 모든 삶에서 했던 생각들이 저장되어 있다. 즉 어느 한 생에서 행한 모든 행위의 근저에 깔려있는 생각들 전체는 일반적으로 한가지 성격을 가지고 있지만, 하나 이상의 또 다른 부류로 분류될 수 있다. 예를 들어 오늘날의 사업가들이 그 한가지 유형이다. 그의 모든 생각들은 사업과 관련된 한줄기의 생각을 나타낸다. 마찬가지로 예술가들도 또 다른 유형의 한줄기의 생각을 나타낸다. 사업을 하면서 명성과 권력에 대해 많은 생각을 한 사람들은 전형적인 사업가와는 다른 유형이다. 자기 희생적이고 용감하며 강하지만 가난한 사람들--그들은 생각할 시간이 별로 없다--은 아주 다른 부류를 형성한다. 이와 같이 한 생애 동안의 모든 생각들은 그 삶의 명상의 한 줄기를 구성한다. 즉 "마인드가 고정되어 향하고 있는 것"에 대한 명상의 한줄기이다. 그리고 그것들 모두는 마나스 속에 저장되어 있어서 어떤 생각이든지 두뇌와 신체적 환경이 그러한 생각들을 일으키게 하는 환경과 유사한 경우에는 그 생각들을 꺼내 올 수 있다.

육체 감각 기관과 내적인 실제 기관에 의해서 제시된 사물을 보는 것은 마나스이다. 망막 상에 하나의 그림을 그릴 때 전체적인 장면이 시신경 속에서 진동으로 바뀌고, 그것들은 두뇌 속으로 사라진다. 그러면 두뇌 속에서 마나스는 그것들을 "생각(이데아)"으로 볼 수 있게 된다. 모든 다른 감각기관들이나 감각들도 마찬가지로 적용된다. 만약 두뇌와 마나스 사이에 연결이 끊어지게 되면 지성은 출현하지 않게 될 것이다. (물론 훈련에 의해서 마나스가 육체로부터 아스트랄체를 투사해서 다른 사람들과 대화를 지속할 수 있는 경우는 제외된다) 최면이나 메즈머리즘 혹은 심령주의가 증명했듯이, 감각기관들이나 감각들은 사물들을 인지하지 못한다. 왜냐하면 메즈머리즘 실험이나 최면 실험에서 알려져 있듯이, 보이거나 느껴지는 사물과 단단한 물체가 가지고 있는 모든 효과들은 종종 조작자의 두뇌 속에 존재하는 '생각'에 불과할 뿐이다. 마찬가지로 아스트랄체를 이용하는 마나스는 다른 사람들로 하여금 개념을 보도록 하여 그것을 가시적인 하나의 형체로 해석할 수 있도록 그들에게 인상을 주기만 하면 된다. 그러면 밀도나 무게와 같은 효과들은 가시적인 형체에서 나오는 것처럼 보인다. 소위 물질은 그 자체가 단단하거나 밀도가 높지 않다는 것을 많은 최면 실험에서 보여준다. 시력은 항상 눈과 사물로부터 나오는 빛의 광선들에 의존하지 않는다. 정상적인 뇌와 감각 기관들을 가진 사람들은 만질 수 없는 것을 또 다른 사람들은 만져서 느낄 수 있다. 육체상에 물리적인 효과가 순전히 개념만으로도 나타날 수 있다. 피실험자에게 전해진 생각의 힘에 의해서 단순한 종이 한 장으로 손에 물집을 만들어 내거나, 실제로 물집을 일으키는 석고로 물집이 생기지 않도록 하는 유형의 실험들을 보면 마나스를 사용함으로써 물질에 자극을 주는 힘이 있다는 것을 증명한다. 그러나 이러한 모든 실험들은 여러 가지 힘들을 나타내는 장으로써 육체를 사용하는 제 4 원리인 아스트랄체 속에서 활동하는 하위 마나스의 힘들이 나타난 것이다.

평생동안 받은 모든 인상들을 가지고 있는 것이 바로 이 하위 마나스이다. 그리고 때때로 꿈이나 트랜스, 발작, 정상적인 경우, 육체의 죽음의 시간에 그러한 인상들을 보여주는 것도 바로 하위 마나스이다. 그러나 그것은 두뇌, 기억, 감각에 너무 사로잡혀 있어서 많은 시간 동안에 일어난 사건들 중에 몇 가지만 회고해 내는 것이다. 그것은 상위 마나스의 활동에 간섭한다. 왜냐하면 현재의 진화 시점에서 욕망과 그에 상응하는 모든 힘들, 기능들과 감각들이 최고로 개발되어 있어서, 마나스의 영적인 면을 나타내는 백색광을 흐리게 한다. 마나스에게 제시된 것이 생각이든 물질적인 사물이든 마나스는 그것으로 채색된다. 즉 뇌를 통해서 작용하는 하위 마나스는 어떤 사물의 형태나 다른 특질들로 즉시 변형된다. 그래서 마나스는 네 가지 특성을 가지고 있다. 첫째 어떤 한 지점이나 사물에서 다른 지점이나 사물로 자연스럽게 날아가 버린다. 둘째 어떤 즐거운 생각으로 날아간다. 셋째 불쾌한 생각으로 날아가 버린다. 넷째 수동적인 상태 속에서 아무것도 생각하지 않는다. 첫 번째는 기억과 마나스의 자연스러운 운동 때문이다. 둘째와 셋째는 순전히 기억 때문이다. 넷째로 정상적인 때는 수면상태를 나타내고, 비정상적일 경우에는 정신이상을 나타낸다. 붓디와 아트마의 도움을 받는 상위 마나스는 하위 마나스에 속하는 이러한 마인드 특성을 싸워서 정복해야 하는 것이다. 만약 상위 마나스가 활동할 수 있게 되면 소위 천재가 되는 것이다. 상위 마나스를 완전하게 조정할 수 있으면 그는 신이 될 수 있다. 그러나 기억은 하위 마나스에게 지속적으로 그림들을 보여주어서 그 결과 상위 마나스가 흐리게 되는 것이다. 하지만 인생행로의 이곳 저곳에서 우리는 천재들이나 위대한 현자들과 예언자들을 본다. 이러한 사람들 속에서는 마나스의 상위 힘들이 활동하며, 그 사람들은 밝게 깨어난 사람들이다. 붓다, 예수, 공자, 조로아스터 같은 사람들이 그러한 분들이다. 그리고 테니슨이나 롱펠로우 같은 시인들도 상위 마나스가 때때로 하위 인간에게 밝은 광선을 비추었지만 왜곡된 종교적 교육의 영향 때문에 그 광선이 곧 흐려진 사람들이다. 즉 왜곡된 종교적 교육이 상위 마나스가 완전한 활동을 하지 못하도록 방해하는 어떤 그림들을 기억하도록 했기 때문이다.

이런 상위 삼위일체 속에 우리는 각자의 신을 가지고 있다. 그것은 아트마로 "상위자아"로 부를 수 있다. 다음은 붓디로 혼의 영적인 부분으로 마나스와 완전하게 결합할 때 "신성자아"라고 부를 수 있다.

새로운 육체를 가지고 윤회하는 내면의 자아는 장구한 세월 동안 슬퍼하며 한 생 한 생의 인상들을 저장하고 경험을 얻어 신성한 자아에 보태는데, 그것이 바로 붓디에 결합되지 않은 마나스이다. 이것이 모든 사람들에게 다른 사람이 아닌 자기자신이라는 느낌을 주는 영원한 개체성이다. 어려서부터 삶을 마칠 때까지 수많은 낮과 밤의 변화를 겪으면서 줄곧 하나의 동일성을 느끼게 하는 것이다. 그것은 수면으로 만들어진 틈을 채워준다. 마찬가지로 그것은 죽음이라는 수면에 의해서 만들어진 간격을 연결시켜준다. 인간의 뇌에 있는 소용돌이 모양들의 깊이나 다양성은 바로 마나스가 있기 때문에 그렇게 나타난 것이다. 그것들이 마나스를 생기게 하는 원인이 아니다. 우리가 가끔 혹은 완전하게 영적혼인

붓디와 의식적으로 결합할 때 우리는 신을 우러러보게
되는 것이다. 이것이 바로 모든 고대인들이 보고자 했던
것이지만, 현대인들은 믿지 않고, 오히려 대자연 속에서
위대해 질 수 있는 자신의 권리를 던져버리고 자신의
상상에 의해서 만들어진 상상의 신을 숭배하기를 더
좋아한다.

현재의 인중이 가지고 있는 영원한 개체성은 모든 종류의
경험을 거쳐왔다. 왜냐하면 신지학은 그것의 영원성을
주장하고 계속해서 진화에 참여해야 하는 필요성을
주장하기 때문이다. 그것을 수행해야 할 의무가 있다. 즉
지구가 속해 있는 지구체인에 있는 모든 물질들을 더 높은
상태로 고양시켜야 한다. 우리들 모두는 지구상에서
수많은 인종으로 수많은 문명 속에 참가해 왔으며
살아왔다. 그리고 제 7 라운드가 끝날 때까지 계속될
것이다. 동시에 지구의 물질들과 지구와 연결된 물질들도
모든 종류의 형태를 다 겪어왔다는 것을 기억해야 한다.
그러나 광물을 형성하는 매우 낮은 하위계에 있는
물질들의 경우에는 예외가 있다. 일반적으로 볼 수 있는
물질과 아직은 나타나지 않았지만 공간 속에 있는 모든
물질은 다양한 모든 형태를 만들어 왔으며 그 중에 많은
것들은 우리가 알지 못하는 것들이다. 그러므로 대자연의

어떤 부분에서의 진화과정은 이전 시대에서 그랬던 것보다 훨씬 빠르게 진행된다. 왜냐하면 마나스와 물질이 활동할 수 있는 기능을 획득하였기 때문이다. 이것은 특히 인간에게 있어서 그러하다. 인간은 현재 진화과정에서 가장 멀리까지 간 존재들이다. 지금은 이전시대보다 더 빨리 환생한다. 이전시대에는 "피부"를 얻는데 많은 시간이 걸렸다. 보통 사람들은 반복해서 환생하는 것을 피할 수 없다. 왜냐하면 하위 마나스가 현재 가장 강력한 원리인 욕망에 의해서 묶여져 있기 때문이다. 욕망에 의해서 그렇게 영향을 받기 때문에 마나스는 육체 속에 있는 동안 계속해서 현혹된다. 그리고 이렇게 현혹되어서 평생동안 일으킨 힘들의 작용을 막을 수가 없다. 이러한 힘들은 마나스에 의해서 생겨난다. 그 하나 하나의 생각은 뿌리를 두고 있고 욕망과 물리적, 정신적 연결고리를 만든다. 삶 전체가 그러한 생각들로 가득 차게 되고, 사후에 휴식기가 끝났을 때, 마나스는 과거 생의 생각들과 욕망에 의해서 셀 수 없이 많은 전자기적인 끈에 묶여서 지구로 이끌리게 된다. 왜냐하면 그렇게 많은 생각들을 일으키게 했으며 사물들의 진정한 성질에 무지하도록 만든 것이 욕망이기 때문이다. 인간이 진실로 사고자이고 생각으로 만들어졌다는 이러한 가르침을 이해하게 되면, 윤회에 대한 모든 것들을 명확하게 만들 것이다. 내면 인간의 체는 생각으로 만들어졌다. 그래서 지구에서의 삶에 대한 더 많은 애착을 갖는 생각들을 갖게 되면 여기로 다시 되돌아온다는 것을 피할 수 없다는 것은 당연하다.

현재는 욕망이 마나스보다 우위를 점하고 있기 때문에 인종 속에서 마나스가 완전하게 활동적이지 못하다. 인간의 다음 진화시기에서는 마나스가 완전하게 활동할 것이고, 전체 인종들 속에서 계발될 것이다. 그러므로 지구상에 있는 사람들은 자신들이 가야 할 길에 대해서 의식적인 선택을 해야 하는 지점까지 오지 않았다. 그러나 위에서 말한 주기가 왔을 때, 마나스는 활동적이고, 모든 사람들은 의식적으로 우도(right) 혹은 좌도(left)를 선택해야만 할 것이다. 우도는 아트마와의 완전하고 의식적인 결합에 이르는 길이고, 좌도는 절멸로 이끄는 길이다.

8장 윤회에 대하여

인간이 어떻게 지금 현재와 같은 복잡한 인간이 되었고, 왜 그런가에 대한 질문에 대해서 과학이나 종교에서는 결정적인 답을 주지 못한다. 이 불멸의 사고자는 그를 만든 대자연의 모든 비밀스러운 부분과 긴밀하게 연결되어 있기 때문에 그런 광대한 힘들과 가능성들을 가지고 있고, 어마어마하고 조용한 진화의 꼭대기에 서 있다. 그는 왜 자연이 존재하고, 인생의 드라마의 목적은 무엇이며, 어떻게 그 목적을 성취할 수 있는지 묻는다. 그러나 과학과 종교는 합리적인 대답을 주지 못한다. 과학은 해답을 줄 수 있다는 척도 하지 않는다. 과학은 있는 그대로의 사물들을 조사하는 임무로 충분하다고 말한다. 반면에 종교는 편협하고 신앙심이 깊은 사람에게 비논리적이고 의미 없는 설명을 제공한다. 종교는 대자연 전체를 하나의 신비로 보고 찾을 수 없는 신의 기쁨 속에서 모든 비애를 가진 생의 의미와 목적을 찾도록 요구한다. 교양 있고 탐구하는 사람은 안다. 즉, 독단적인 종교가 신으로부터 온 것처럼 하면서 인간에 의해서 만들어진 대답을 줄 수만 있다는 것을 안다.

그럼 이 우주는 무엇을 위해서 존재하고, 이 불멸의

사고자인 인간이 진화 속에 있는 궁극적인 목적이 무엇인가? 이 모든 것은 혼의 경험과 해방을 위해서, 현현된 물질 덩어리 전체를 의식하는 신의 위상과 성질 그리고 위엄으로 고양시킬 목적을 위해서 존재한다. 위대한 목표는 인종이나 부족 혹은 어떤 혜택 받은 국가를 통해서가 아니라 혼뿐만 아니라 물질 전체의 변형 후에 완성을 통해서 완성에 의해서 자의식에 도달하는 것이다. 어떤 것도 제외되거나 남겨지지 않는다. 현재 인간의 목적은 완전한 지식에 입문하는 것이고, 인간 밑에 있는 다른 왕국들의 목적은 단계에 따라서 점차적으로 고양되어 입문하는 것이다. 이것이 최고의 힘까지 간 진화이다. 그것은 장대한 전망이다. 그것은 인간을 신으로 만들고 자연의 모든 부분이 언젠가 같은 것이 될 수 있는 가능성을 주는 것이다. 그 속에는 강인함과 고결함이 있다. 왜냐하면 이것으로 그 어떤 인간도 작아지거나 하찮게 되지 않기 때문이고, 어느 누구도 모든 악을 넘어서 상승할 수 없을 만큼 너무 많은 죄를 저지르지 않았기 때문이다. 과학의 물질주의적인 입장에서 다루면, 진화는 생명의 반정도만 포함한다. 반면에 종교적인 개념은 넌센스와 공포가 혼합되어 있다. 현재 종교들은 공포의 요소를 가지고 있으며, 동시에 전지 전능한 존재가 이 지구 이외에 다른 것은 생각할 수 없고, 바로 이 지구를 매우 불완전하게 지배한다는 상상을 한다. 그러나 오래된 신지학의 시각은 우주를 광대하고, 완전하며 완전한 전체로 본다.

육체적 영적인 이중의 진화를 가정하는 순간, 그것은 윤회에 의해서만 지속될 수 있다는 것을 동시에 인정해야 한다. 사실 이것은 과학이 보여주었다. 지구의 물질과 지구 상에 있는 만물의 물질은 한 때 가스였거나 용해된 것이었다가, 냉각되었고, 변형되었다. 그리고 그 변형들과 진화들에서 모든 다양한 사물들과 존재들이 만들어졌다는 것을 보여주고 있다. 물질계에서 이것은 한 가지 형태에서 다른 형태로의 변화 혹은 변형이다. 아주 적은 별의 먼지를 감안하더라도 전체 물질 덩어리는 이 지구의 시작과 같이 했다. 그래서 물질은 계속 반복해서 변화되어왔고 이렇게 해서 물질적으로 다시 형태를 이루고 재육화를 이루어왔다. 물론 정확하게 말해서 우리는 윤회라는 단어를 사용할 수 없다. 왜냐하면 "화신(incarnate)"은 육체를 말하는 것이기 때문이다. "재육화(reimbodied)"를 사용하자. 그러면 물질과 인간 모두 지속적인 형태의 변화가 있어 왔다는 것을 보게 되고, 이것이 넓게 말해서 "윤회"이다. 물질 덩어리 전체에 대하여, 인간이 한층 더 깊이 갔을 때 그것 모두는 인간의 상태로 고양될 것이라고 가르침에서 말한다. 인간이 궁극적으로 구원된 후에 어떤 멀리 떨어진 자연의 쓰레기 더미에서 그것이 신비스럽게 처분되거나 제거되어 남아 있는 어떤 것도 없게 된다고 한다. 진정한 가르침은 전혀 그렇지 않으며, 진정한 가르침은 나머지처럼 보이는 것에 대한 진정한 처분을 제시하는 것을 두려워하지 않는다. 그것 모두는 다른 상태들로 발전해서 들어가게 된다. 왜냐하면 비유기적인 물질이 없다고 철학에서 선언하듯이, 모든 원자는 살아 있고 자기-의식을 가지고 있기에, 언젠가는 그것 모두가 결과적으로 변화될 것이다. 이렇게 인간의 육체라고 불려지는 것은 과거에 전적으로 광물에서 식물로 되어 지금은 인간 속의 원자들로 된 그런 물질이다. 앞으로 먼 미래 어느 시점에 현재의 식물 물질이 동물 상태로 고양될 것이고, 지금 우리가 육체로 사용하는 물질이 진화를 통한 변형에 의해서 자의식적인 사고자로 될 것이며, 지금 광물질로 알려진 것이 인간 상태와 사고자로 바뀔 때까지 전체 범위가 그렇게 올라갈 것이다. 그렇게 진화의 또 다른 거대한 시기가 도래하면, 그때의 광물질은 다른 행성과 다른 계에서 하위 변형을 지나가고 있는 어떤 것이 될 것이다. 아마도 이것은 현재 시대의 인간이 볼 때 "상상 속에 있는" 계획이다. 현재 시대 인간은 태어나면서부터 나쁘고 죄짓고 약하면서 어리석은 것으로 불려지는 것에 너무 익숙해 있어서 자신들에 대한 진리를 믿는 것을 두려워하고 있다. 그러나 고대 신지학자들의 제자들에게 이것은 불가능하지도 상상 속에 있는 것도 아니라, 논리적이고 광대한 것이다. 그리고 언젠가는 서구 사람들의 마인드가 인간과 자연에 대한 모세 같은 연대기와 생각에서 떨어져나올 때, 의심할 여지없이 모든 사람이 인정할 것이다. 그러므로 윤회에 대하여 그것은 인간만이 아니라 우주 전체에 적용되어야 한다고 우리는 말한다. 그러나 인간이 자신에게 가장 흥미 있는 대상이기 때문에, 인간에게 적용되는 세부 사항을 검토할 것이다.

이것은 가장 오래된 고대의 가르침이고 그 가르침을 수용하지 않는 사람들보다 더 많은 사람들이 지금은 믿고 있다. 동양의 수백만의 사람들은 거의 모두 그것을 받아들인다. 그것을 그리스에서도 가르쳤다; 많은 중국인들도 그들의 조상들이 믿었던 것처럼 그것을 믿고 있다. 유태인들도 그것이 진실이라 생각했고, 그들의 종교에서 사라지지 않았다. 기독교의 설립자로 불리는 예수도 그것을 믿고 가르쳤다. 초기 기독교 교회에서 윤회는 알려졌고 가르쳐졌었다. 그리고 교회의 최고의 성부들이 그것을 믿었고 공표했다.

기독교인들은 예수가 유대인이고 그의 사명이 유태인을 위한 것이라고 생각했던 유대인이라는 것을 기억해야 한다. 왜냐하면 마태복음에서 "이스라엘 집의 잃어버린 양 외에는 다른 데로 보내심을 받지 않았다"고 말씀하신다. 그는 그들이 간직하고 있던 가르침을 잘 알고 있었음에 틀림없다. 그들 모두 윤회를 믿었다. 모세, 아담, 노아, 세트와 다른 이들이 지구로 돌아왔다. 예수 시대에 고대의 예언자 엘리야가 아직 돌아오지 않았던 것으로 당시에 여겨졌다. 그래서 우리는 첫 번째, 예수는 윤회를 결코 부정하지 않았고, 사람들이 기대한 것처럼 세례자 요한이 실제 엘리야라고 말했을 때처럼 여러 경우에서 동의했다는 것을 발견한다. 이 모든 것을 마태복음 17장과 11장 그리고 다른 곳에서 볼 수 있다.

여기서 예수께서도 윤회의 가르침을 인정하는 것으로 보인다는 것이 분명하다. 예수 다음으로 우리는 성 바울이 로마서 9장에서, 에서와 야곱이 태어나기 전에 실제 존재하고 있었다고 말하고, 나중에 오리게네스, 시네시우스 같은 위대한 성부들도 믿고 가르쳤다. 잠언 8장 22절에서, 지구가 만들어지기 전에 솔로몬이 있었다고 말하며, 그가 솔로몬으로 태어나기 오래 전에 그의 기쁨은 인간의 아들들과 지구의 거처할 수 있는 곳에 있는 것이라고 말한다. 성 요한도 요한계시록 3장 12절에서, 신의 목소리 혹은 신을 대신해서 말하는 목소리를 말하는 비전 속에서, 이겨낸 자는 누구든 더 이상 "나갈(going out)" 필요가 없다는 것, 즉 윤회할 필요가 없다는 것을 들었다. 예수 사후 500년간 콘스탄티노플 공의회 때까지 그 가르침을 교회에서 가르쳤다. 그때 많은 사람들이 윤회에 반대하는 것으로 여겨져 온 그런 질문에 바탕을 두어 파문이 선고되었다. 그러나 만약 그 파문이 예수님의 말씀에 역행하는 것이라면 그것은 아무런 효과가 없는 것이다. 그것은 그분에 반하는 것이고, 이렇게 교회는 사실상 예수님이 그 당시 알려지고 가르쳐진 가르침을 저주할 만큼 충분하게 몰랐다고 말하는 입장에 서있는 것이다. 그 가르침이 그분의 주목을 끌었으며 결코 규탄하지 않았고 사실 그것을 인정하셨다. 기독교는 유대인 종교이고, 윤회의 가르침은 역사적으로 유대인들로부터 계승되어 와서 그들에게 속하며, 또한 예수님과 초기 교부들이 가르쳤다는 이유 때문에도 그렇다. 만약 기독교 교회가 교회의 도그마는 제외하고 이런 입장에서 빠져나오는 진실하고 논리적인 방법이 있다면, 신지학자가 그것을 보여주고자 한다. 사실 공개적으로 기독교인이라고 말하는 사람이 이 이론을 부인할 때마다 그는 예수님의 가르침에 반하는 심판을 하는 것이라고 신지학자는 여긴다. 왜냐하면 그분이 그들을 따르는 사람들보다 그 문제에 대하여 더 잘 알 것임에 틀림없기 때문이다. 기독교에 해를 끼치고 모든 기독교 국가들을 예수님과 사랑의 법칙을 따르는 것처럼 만들었지만 실재로는 모세의 법칙인 보복의 법칙을 따르는 사람들로 만든 것이 바로 교회 평의회가 던진 파문과 그 가르침의 부재 때문이다. 왜냐하면 윤회 속에서만 삶의 모든 문제들에 대한 답이 있기 때문이고, 그것과 카르마 속에서 사람들이 이론으로 가지고 있는 윤리를 추구하도록 만드는 힘이 있다. 어느 종교가 그것을 잃어버렸더라도 이 가르침을 회복하는 것이 고대의 철학의 목표이다. 그래서 우리는 그것을 "기독교가 잃어버린 화음"이라고 부른다.

그런데 윤회하는 것이 누구인가 혹은 무엇인가? 육체는 아니다. 왜냐하면 그것은 죽어서 분해되기 때문이다. 그리고 지금 우리가 가지고 있는 질병에 감염되는 그런 육체에 우리가 영원히 묶여있기를 바라는 사람은 없을 것이다. 아스트랄체도 아니다. 왜냐하면 그 용어대로 육체가 사라진 뒤에 그것도 분해되어야 하기 때문이다. 격정과 욕망도 아니다. 분명히 그것들은 장기간의 생명력을 가지고 있다. 왜냐하면 우리가 그것들을 뿌리뽑지 않는 한 그것들은 스스로 재생하는 힘을 가지고 있기 때문이다. 그리고 윤회가 그것을 제공해준다. 왜냐하면 우리가 영적인 인간의 천상의 그림을 손상시키는 그런 욕망들과 격정들을 하나 둘씩 서서히 제거해가는 그런 많은 기회를 받기 때문이다.

우리의 격정적인 부분이 사후에 아스트랄 부분과 어떻게 합쳐지고 그것이 분해되는 동안 어떻게 짧은 삶을 사는 하나의 존재처럼 보이는지 보여주었다. 죽은 육체, 아스트랄체 그리고 격정들과 욕망들 사이에 분리가 끝나면--그 자체가 다른 형태들로 바빠지기 시작한 생명이다--진정한 인간인 상위 삼개조, 마나스, 붓디 그리고 아트마가 곧바로 다른 상태로 들어간다. 그리고 데바찬이라고 부르는 그 상태가 끝나면, 그들은 환생을 위해서 다시 지구로 끌려오게 된다. 그들은 우리의 불멸하는 부분이다. 사실 우리는 어떤 다른 것이 아니다. 이것을 확실하게 이해해야 한다. 왜냐하면 이것에 대한 분명한 이해가 전체 가르침에 대한 이해를 좌우하기 때문이다. 근대 사람이 이것을 명확하게 보는데 장애가 되는 것은 우리가 물질주의화된 과학과 종교 속에서 오랜 기간 동안 교육을 받았기 때문이다. 그 둘은 모두 단순한 육체를 가장 중요한 것으로 만들었다. 과학은 물질만을 가르쳤고, 종교는 상식과 사실, 논리 그리고 증언에 반대되는 가르침인 육체의 부활을 설파했다. 그러나 육체의 부활 이론이 고대의 진정한 가르침의 타락에서 생겨났다는 것에 대한 의심이 없다. 부활은 욥(Job)이 그의 구세주가 육체 속에 있는 것을 보고 말한 것과 육체가 부패하지 않고 일어났다고 성 바오르가 말한 것에 토대를 두고 있다. 그러나 욥은 그의 구세주인 입문자 혹은 스승을 본 것을 말한 이집트인이고, 예수님과 바오르는 영체만을 말하는 것이었다.

윤회가 자연의 법칙이더라도, 아트마-붓디-마나스의 완전한 삼위일체가 현재 인종 속에서는 아직 완전하게 육화하지 못한다. 그것들은 셋 중에 가장 낮은 것인 마나스로 들어가서 육체를 차지하고 사용하며, 나머지 둘은 하늘에 있는 신이 되어 위로부터 그것에게 빛을 비추어준다. 이것은 머리는 하늘에 다리는 지옥에 있는 천체 인간에 대한 고대 유대인 가르침 속에서 상징적으로 나타내어졌다. 즉, 머리인 아트마와 붓디는 아직 하늘에 있고, 다리인 마나스는 지옥, 육체와 물질계 삶 속에서 걷는다. 바로 그 이유 때문에, 인간은 아직 완전하게 의식적이지 않고, 체 속에 있는 전체 삼위일체의 화신을 완성하기 위해서 윤회가 필요하다. 그것을 성취할 때,

인류가 신처럼 될 것이고, 신 같은 삼위일체를 온전하게 소유할 때, 물질 전체 덩어리가 완전해질 것이며 다음 단계로 올려질 것이다. 이것이 바로 "육화된 말씀"의 진정한 의미이다. 예수나 부처 같은 분의 경우에는 너무나 웅대해서 신성한 화신으로 간주되었다. 그리고 바로 이 사상에서 십자가형의 사상이 나온다. 왜냐하면 도둑을 천국으로 상승시키기 위해서 마나스가 이렇게 십자가에 못 박히게 된다.

생명이 많은 신비를 가지고 있는 것은 삼위일체가 아직 인종 속에서 화신하지 않았기 때문이다. 그 신비들 중에 어떤 것들은 매일매일 인간 속에서 그리고 인간 위에서 행해지는 모든 다양한 실험 속에서 나타내 보이고 있다.

의사는 생명이 무엇인지, 왜 육체가 그렇게 움직이는지 모른다. 왜냐하면 영적인 부분이 아직 하늘의 구름 속에 가려져있기 때문이다; 과학자는 최면과 다른 이상한 것들이 그 앞에 가져온 모든 것에 때문에 당황해서 어둠 속에서 방황하고 있다. 왜냐하면 의식적인 인간이 신성한 산 바로 그 정상에 있어서 보이지 않기 때문에, 박식한 사람들이 "잠재의식", "잠재하는 개성" 등등으로 말하게 만든다. 성직자는 우리에게 아무런 빛도 줄 수 없다.

왜냐하면 그는 신과 같은 인간의 성질을 부인하고, 모든 것을 원죄 수준으로 격하시키며, 오류를 고칠 수 있는 처방 없이 창조를 통제하거나 관리할 수 없는 무능이라는 검정 표시를 신의 개념에 표시해 놓았기 때문이다. 그러나 이 오래된 진리는 수수께끼를 풀어주고 신과 대자연을 조화로운 색깔들로 그려준다.

윤회는 일부 농양의 사람들이 믿듯이, 우리가 사후에 어떤 동물 형태들 속으로 들어가는 것을 의미하지 않는다. "한번 인간은 항상 인간이다"라는 위대한 롯지의 격언이 있다. 그러나 어떤 사람들이 동물 속으로 재탄생하도록 하는 것이 가능하다면 어떤 사람들의 경우 그것이 가혹한 처벌이 아닐 것이다. 하지만 자연은 감정이 아닌 법칙에 따라서 움직이고, 모든 것을 볼 수 없는 우리는 동물 같은 인간이 그의 성질 전체가 동물이라고 말할 수 없다. 그리고 사고자(Thinker)이자 불멸의 인간인 마나스를 여기 이 세계까지 데려온 진화는 그를 마나스가 아닌 동물로 다시 되돌려 보낼 수가 없다.

동물, 곤충 등등으로 윤회하는 것을 가르치는 것처럼 보이는 마누의 그 법칙들을 동양의 일부 사람들이 글자 그대로 받아들이는 두 가지 설명을 조사해 봄으로서, 이 가르침의 진정한 학생이 똑 같은 오류에 어떻게 빠지지 않는지 이해할 수 있을 것이다.

첫째, 그런 이주(transmigration)를 가르치는 다양한 구절들과 문헌들은 실제 재화신의 방법과 관련이 있다. 즉, 그것은 육체가 없는 상태에서 육체를 가진 상태로 자아가 지나가면서 겪어야 하는 실제 물리적인 과정들을 설명하는 것과 관련 있고, 보이지 않는 세계에서 보이는 세계로 하강하는 길, 방법 혹은 수단들과 관련이 있다. 신지학 문헌들 속에서는 이것이 분명하게 설명되지 않았다. 왜냐하면 한편으로 그것은 미묘한 문제이고, 다른 한편으로 언젠가는 세부사항들을 알게 될 것이지만, 심지어 신지학생들도 신빙성 있게 그 세부사항들을 전달받지 않았기 때문이다. 그리고 이런 세부사항들이 가장 중요하지 않기 때문에 그것들을 지금 설명하지 않는다. 하지만 어떤 인간의 육체도 성(sex)의 결합 없이는 만들어지지 않고, 그런 생산의 씨앗들이 성 속에 가둬져 있으며 육체 속으로 흡수되는 음식으로부터 그 씨앗들이 와야 한다는 것을 알기 때문에, 음식이 자아의 윤회와 어느 정도 관계가 있다는 것이 명백하다. 이제 어떤 음식을 통해서는 환생으로 가고 다른 음식을 통해서는 그렇지 않다면, 아마도 자아가 육체를 재생산하지 않는 씨앗으로 가는 음식에 얽히게 된다면, 마누가 이런 저런 실천방법들은 이주로 이끌 것이라고 말한 곳에서 어떤 처벌을 나타내는 것이고, 그러면 그것은 하나의 "장애물"이 되는 것이다. 이 글을 읽는 어떤 신지학생들과 이 주제에 대한 그들의 이론들이 오히려 애매하고 어떤 경우에는 아주 다른 가설에 기초를 두고 있는 학생들에게 혜택이 되도록 이 내용을 보내는 것이다.

두 번째 설명은 우리 육체와 아스트랄체 속으로 들어오는 물질이 인간의 자아와의 관계를 맺어서 인상을 얻음으로써 그 물질에 도움을 줄 목적으로 우리가 그 물질을 사용하길 자연이 의도하는데, 만약 우리가 그 물질에 동물적인 인상만 주기 위해서 사용한다면 그 물질은 인간계에서 세련되어지고 계속 사용되는 대신에 동물계로 다시 돌아가서 흡수될 것이다. 그리고 인간의 자아가 모은 모든 물질이 인간에 대한 감광판 같은 인상을 간직하기 때문에, 그 물질은 자아가 동물 같은 인상을 줄 때 그 하위 수준으로 환생한다. 대자연의 거대한 화학 실험실 속에 있는 이 사실을 무지한 사람들은 쉽게 오해할 수 있다. 그러나 오늘날 학생들은 일단 사고자인 마나스가 되면, 그는 더 이상 낮은 형태들로 되돌아가지 않는다는 것을 안다. 첫째, 그가 원하지 않고, 둘째, 그가 그렇게 할 수 없기 때문이다. 왜냐하면 육체 속에 있는 혈액이 역류해서 심장을 충혈시키지 못하도록 밸브에 의해서 막혀 있듯이, 우주의 순환이라는 거대한 체계 속에서도 사고자 뒤에 문이 닫혀서 회귀하는 것을 막는다. 진정한 인간에게 적용되는 하나의 가르침으로서 윤회는 인간 보다 낮은 자연의 세계들 속으로 들어가는 환생을 가르치지 않는다.

9 장 윤회 (계속)

삶의 목적이 상업, 재무, 사회 혹은 과학적인 성공, 즉 개인의 이익과 지위 강화와 권력인 서구에서, 인간의 실제 생명에 대해서는 거의 관심을 받지 못하고, 동양인들과는 다르게 윤회와 선재설의 가르침에 대해서는 거의 부각시키지 않는다. 교회가 그것을 부정한다는 것으로 많은 사람들에게 충분하고 어떤 논쟁의 여지가 필요 없다. 교회에 의존하기 때문에, 비논리적인 도그마를 믿는 고요함을 흔들고 싶어하지 않는다. 그리고 교회가 그들을 지옥 속으로 묶어 놓을 수 있다고 배웠기 때문에, 서기 500 년 콘스탄티노플 공의회에서 윤회에 던진 파문에 대한 맹목적인 두려움 때문에, 서구 사람들이 그 비난받는 이론을 받아들이지 못하도록 하였다. 그 가르침에 대한 논쟁에서 교회는 만약 인간이 많은 생을 살 것이라고 납득하게 된다면, 현재를 받아들여서 억제 없이 악을 행하려는 유혹이 너무 강할 것이라면서 반론을 부추겼다. 터무니없는 것처럼 보이지만, 유식한 예수회 수사들이 인간은 다른 기회를 기다리기 보다 현재의 기회를 가질 것이라고 제시하였다. 만약 징벌이 없다면 이것은 훌륭한 반대 이유가 될 것이다. 하지만 대자연에는 악행을 행한 모든 자에 대한 인과응보가 있고, 카르마의 법칙--인과의 법칙이자 완전한 정의의 법칙--하에 그가 다른 생들에서 행하거나 가졌던 생각들과 선행 혹은 악행에 대한 정확한 결과를 모든 생에서 받아야 하기 때문에, 윤리적인 행동에 대한 바탕이 확보된다. 이 체계에서는 안전하다. 왜냐하면 그 누구도 어떤 혜택이나 명령 혹은 믿음으로 결과들을 피할 수 없기 때문이다. 그리고 이런 가르침을 이해하는 사람 누구나 좋은 것을 받고 행복해질 수 있도록 하기 위해서 잘 하려는 힘과 양심에 의해서 움직일 것이기 때문이다.

재탄생의 사상이 적합하지 않고 불쾌하다고 주장되었다. 왜냐하면 한편으로 그것은 어떤 감정이 개입할 여지가 없는 차갑고, 우리가 슬프다고 알게 된 삶을 자유롭게 포기하는 것을 막기 때문이다. 다른 한편으로 그것의 영향 하에서는 우리보다 먼저 간 사랑하는 사람들을 우리가 볼 수 있다는 어떤 가능성도 없기 때문이다. 그러나 우리가 좋아하건 좋아하지 않건, 대자연의 법칙들은 한치의 오차도 없이 계속 작용하고, 감정과 느낌으로 원인 뒤에 오는 그 결과들을 결코 피할 수가 없다. 만약 우리가 나쁜 음식을 먹으면 나쁜 결과들이 반드시 온다. 소화불량이 없었다면, 대식가가 잔뜩 먹을 수 있도록 했었을 것이다. 그러나 자연의 법칙들을 이렇게 제쳐놓을 수가 없다. 이제 독단적인 종교에서 약속했듯이, 우리가 사랑하는 사람들을 천국에서 보지 못할 것이라는 윤회에 대한 반론은 우리보다 지구를 먼저 떠난 사람들의 발전과 진화가 완전히 멈춘다는 것을 상정하고, 또한 서로 알아보는 것이 육체적인 모습에 달려있다는 것을 가정한다. 그러나 우리가 이 삶 속에서 진보하듯이, 마찬가지로 그 삶을 떠나서도 진보해야 한다. 그리고 우리가 사랑하는 사람들을 알아볼 수 있도록 하기 위해서 다른 사람들이 우리가 도착할 때까지 기다리게 강요하는 것은 부당하다. 만약 모든 구속들을 벗어버리는 천국으로 올라가는 자연스런 결과들을 되돌아보면, 그곳에 예를 들어 20 년 먼저 우리보다 있어왔던 사람들도 멘탈적 영적인 성질이라는 매우 유리한 환경 하에서 지상의 수 백 년에 상당하는 진보를 이루었음에 틀림없다는 것이 명백하다. 그러면 나중에 도착하면서 아직은 불완전한 우리가 그런 이점들을 가진 천국에서 자신들을 완성시켜왔던 사람들을 어떻게 알아볼 수 있을까? 그리고 육체는 뒤에 남겨져서 해체된다는 것을 알기 때문에, 영적 멘탈적인 삶 속에서 알아보는 것이 육체적인 모습에 달려있을 수 없다는 것이 분명하다. 왜냐하면 이것이 명백할 뿐만 아니라, 기형의 육체 혹은 아름답지 않은 육체가 종종 영광스러운 마인드와 순수한 혼을 간직하고, 아름답게 형성된 외형––

보르지아처럼--이 육화된 악마를 숨기고 있을 수도 있다는 것을 우리가 알고 있기 때문에, 육체가 없는 세계에서 서로를 알아보는 데 육체적인 형태는 어떤 확약을 제공하지 못한다. 그리고 나중에 성인이 된 아이를 잃어버린 엄마는 아기 때와 마찬가지로 나중에 많은 변화로 어릴 때의 형태와 특징들을 완전히 없어졌을 때도 아이를 사랑했다는 것을 알고 있음에 틀림없다. 신지학생들은 이런 반론이 혼의 영원하고 순수한 생명 앞에서는 존재하지 못한다는 것을 이해한다. 그리고 신지학은 조건들이 허락되면 서로 좋아하고 사랑한 사람들이 함께 윤회할 것이라고 가르친다. 우리들 중에 누군가가 완성의 길을 더 멀리 갔을 때, 그는 같은 가족에 속하는 사람들을 돕고 위로하기 위해서 항상 움직일 것이다. 그러나 어떤 사람이 더럽고 이기적이며 사악하게 되었을 때, 그 누구도 어떤 생에서든 그와 동행하길 원하지 않을 것이다. 알아보는 것은 내면의 시각에 달려 있고 외적인 외모에 달려 있지 않다; 그래서 이런 반대에는 아무런 힘이 없다. 그리고 부모나 아이 혹은 친척을 잃어버린 다는 것과 관련한 또 다른 측면은 부모가 아이에게 육체를 주듯이, 부모가 아이에게 혼도 준다는 잘못된 생각에 바탕을 두고 있기 때문이다. 혼은 불멸하며 부모가 없다; 그래서 이런 반대는 근거가 없는 것이다.

어떤 사람들은 유전이 윤회를 무효화시킨다고 설득하려고 한다. 우리는 오히려 그것을 증거로 주장한다. 어떤 가족에서든 우리에게 육체를 제공하는 유전은 자아(Ego)에 적합한 환경을 제공한다. 자아는 단지 자아의 전체 성질에 완전하게 일치하는 그 가족 속으로 들어가거나 진화를 할 수 있는 기회를 제공하는 가족, 과거 환생으로 연결되어 있거나 서로 같이 시작한 인인들에 의해서 연결된 가족으로 들어간다. 이렇게 사악한 아이가 현재 선한 가족으로 올 수도 있다. 왜냐하면 부모와 아이가 과거 행동들에 의해서 서로 풀래야 풀 수 없게 연결되어 있기 때문이다. 아이에게는 구원의 기회이고 부모에게는 처벌이다. 마치 도시에 있는 집들이 그것을 만든 사람들의 마인드를 보여주듯이, 이것은 우리가 거주하는 육체들을 지배하는 자연의 규칙으로서 육체의 유전을 가리키는 것이다. 그리고 우리 부모들뿐만 아니라 우리 자신이 육체를 만들고 영향을 주는 사람들이며, 육체와 두뇌의 계발을 지체시키거나 도움을 주거나, 품위를 떨어뜨리거나 혹은 품위를 올리는 사회의 상태를 만드는 데 참여하고 책임이 있기 때문에, 우리는 현재 나타나는 문명에 대하여 책임을 지고 있는 것이다. 그러나 우리가 인간 육체 속에 있는 인격을 볼 때, 내재하는 상당한 큰 차이를 보게 된다. 이것은 그가 과거에 가졌던 생각들과 행동들로 인해서 그가 반드시 같이 환생해야 하는 가족, 국가 그리고 인종 속에서 고통을 받거나 즐기는 내면에 있는 혼 때문이다.

유전은 거주처를 제공해주고 종종 처벌이나 도움이 되는 두뇌나 육체의 역량의 한계들을 부과한다. 하지만 그것은 진정한 자아에게는 영향을 주지 못한다. 성격상의 특징들을 전달하는 것은 물리적인 문제이고, 그 인종 속에 있을 모든 자아들의 과거 생들의 결과들이 어떤 국가로 나오는 것에 불과하다. 어떤 가족의 유전이 자아에게 부과하는 제한들은 그 자아의 이전 생들의 정확한 결과들이다. 개개인의 진정한 성격과 안내하는 마인드가 육체와 두뇌의 결과가 아니라 본질적인 생명 속에 있는 자아의 특징이라는 것을 알기 때문에, 그런 육체적인 특징들과 멘탈적인 특이성들이 전달된다는 사실이 윤회를 반박하는 것이 아니다. 부모와 육체에 의해서 성향과 특징이 전달되는 것은 화신하는 자아에게 그의 일을 수행해갈 적합한 거주처를 제공하기 위하여 자연에 의해서 정확하게 선택된 방식이다. 또 다른 방식은 불가능하고 질서를 뒤집는 것이다 유전으로 반론을 생각하는 사람들은 그들이 유사성을 강조하고 차이를 간과하고 있다는 것을 잊어버린다. 왜냐하면 유전의 측면을 따라서 조사한 것들을 보면, 많은 특징들이 전달되었다는 것을 기록한 반면, 유전에서 벗어난 차이들에 대해서는 그 수가 엄청나지만 기록하지 않았기 때문이다. 모든 엄마는 한 손에 있는 손가락들처럼 한 가족 속에 있는 어린 아이들의 성격이 다르다는 것을 잘 알고 있다. 그들은 모두 같은 부모로부터 왔지만 모두 성격과 역량이 다르다.

그러나 일반적인 규칙으로 그리고 완전한 설명으로서 유전은 역사를 보면 절대적으로 무너지고 만다. 그것은 학습, 힘 그리고 역량이 꾸준하게 전달되지 않는다는 것을 보여준다. 예를 들면, 오래 전에 사라졌지만 전달하는 흐름이 부서져버린 고대 이집트인들의 경우에, 그들의 후예들에게 어떤 것도 전달하지 않았다. 만약 육체적인 유전이 성격의 문제를 해결한다면, 위대한 이집트인의 성격을 어떻게 잃어버렸을까? 같은 질문이 다른 고대의 멸망한 국가들에도 마찬가지이다. 그리고 개개인의 예를 들면, 우리는 위대한 음악가인 바하를 본다. 그의 직계 후손들에서 음악적인 능력이 줄어들어서 결국에는 가족의 후손에서 사라진 것을 보았다. 그러나 신지학은 이 두

가지 예들 속에서 다른 것들도 마찬가지이지만 진정한 역량과 능력은 어떤 가족과 국가에서 사라지지만, 그것들을 드러냈던 자아 속에 간직되어서 어떤 다른 국가나 가족 속에서 환생하고 있다고 가르친다.

고통은 거의 모든 사람들에게 오고, 아주 많은 사람들이 태어날 때부터 죽을 때까지 슬픈 삶들을 살아간다. 그래서 어떤 다른 사람이 다른 생에서 행한 잘못으로 우리가 고통받아야 하기 때문에 윤회가 불공평하다고 사람들은 반대한다. 이런 반대는 다른 생에서 그 사람이 어떤 다른 사람이었다는 잘못된 생각에 근거한다. 하지만 모든 생에서 그 사람은 같은 사람이다. 우리가 다시 올 때, 우리는 다른 사람의 육체나 다른 사람들의 행동을 갖지 않고, 많은 역할을 하는 배우와 같다. 내면은 똑같은 배우이지만 새로운 연극 속에서는 의상과 말하는 대사들이 다를 뿐이다. 인생은 하나의 연극이라고 말한 셰익스피어가 맞다. 왜냐하면 혼의 위대한 삶은 하나의 드라마이고, 각각의 새로운 삶과 재탄생은 또 다른 막으로 그 속에서 우리가 또 다른 역할을 맡고 새로운 옷을 입지만, 그 연극 내내 우리는 똑 같은 사람이기 때문이다. 그래서 불공평한 대신에 그것은 완전한 정의이고 어떤 다른 방식으로 정의가 유지될 수 없다.

그러나 만약 우리가 윤회한다면 어떻게 다른 생을 기억하지 못할까? 게다가 우리가 고통받는 원인이 되는 행위들을 기억할 수 없기에 바로 그 이유 때문이라도 윤회가 부당하지 않을까? 이것을 묻는 사람들은 그들이 삶에서 즐거움과 보상을 받으며 의문 없이 그것들을 받는데 만족해한다는 사실을 항상 모른다. 왜냐하면 우리가 기억하지 못하는 행위들로 처벌을 받는 것이 부당하다면, 그러면 우리가 잊어버린 다른 행위들 때문에 보상을 받는 것도 마찬가지로 불공평하다. 단순히 생 속으로 들어가는 것만으로 어떤 처벌이나 보상의 적합한 토대가 만들어지는 것이 아니다. 보상과 처벌은 이전 행위에 대한 정당한 상벌이다. 자연의 정의의 법칙은 불완전하지 않고, 이번 생에서 처벌이 부과된 행위를 가해자가 알고 기억할 필요가 있는 인간의 정의가 불완전할 따름이다. 이전 생에서 그 행위자는 자신이 한 것을 아주 잘 알고 있다. 그리고 자연은 그의 행위들에 대한 정당한 결과의 꼬리표를 붙인다. 우리가 원하는 것이 무엇이건 그리고 우리가 행한 것을 기억하건 잊어버리건, 자연은 원인 뒤에 결과가 따르도록 만든다는 것을 우리는 잘 안다. 종종 있는 일이지만 간호사 때문에 나중에 장애를 초래하는 병이 되는 그런 병으로 어떤 아기가 첫 해 앓았다면, 그 아이가 현재 원인을 일으키지 않았더라도 혹은 그것에 대하여 아무것도 기억을 못하더라도, 그 장애를 일으키는 병은 오게 될 것이다. 그러나 윤회의 가르침과 동반 가르침인 카르마의 가르침을 올바로 이해한다면, 자연의 전체 구조가 얼마나 완전하게 정당한지 보게 될 것이다.

우리가 그런 존재를 지나갔다는 것을 증명하기 위해서 이전 생에 대한 기억이 필요하지 않으며, 또한 좋은 반론을 기억하지 못하는 사실도 필요로 하지 않는다. 우리는 이번 생의 많은 해 동안 그리고 많은 날 동안 일어난 상당 부분의 일화들을 잊어버린다. 그러나 누구도 그런 이유 때문에 우리가 그 많은 해를 살아가지 않았다고 말하지 않는다. 많은 날들을 우리가 살았고, 두뇌에 적은 부분의 상세한 사항들을 간직하지만, 그것들이 우리의 성격에 미친 영향을 간직하고 우리의 일부분이 되었다. 어떤 한 생의 전체 세부사항은 어떤 다른 생에서 우리가 완전하게 되었을 때 의식적인 기억으로 다시 가져올 수 있는 하루의 기억으로 내면의 인간 속에 간직된다. 그리고 심지어 지금도 우리가 불완전하고 작지만, 최면 속에서 실험들을 보면, 모든 사소한 사항들이 현재 잠재의식으로 알려진 것 속에 기록된다는 것을 보여주고 있다. 신지학의 가르침에서는 사실 이런 일화들의 단 하나도 잊여지지 않으며, 눈이 감기고 주변 사람들이 우리가 죽었다고 말하는 삶이 끝날 즈음에, 삶의 모든 생각들과 상황들이 생생하게 마인드 속으로 들어와서 지나간다고 말한다.

그러나 많은 사람들은 그들이 이전에 살았다는 것을 기억한다. 시인들은 이것을 노래했고, 어린이들도 그것을 잘 알고 있다. 불신의 분위기 속에서 지속적으로 살아가는 삶으로 인해서 그 기억이 그들의 마인드에서 내몰릴 때까지 그것을 알고 있다. 그러나 모든 것은 매번 새로운 생에 새로운 두뇌에 자아가 부과하는 한계에 따라서 다르다. 이것이 우리가 과거의 그림들, 이번 생 혹은 이전 생의 그림들을 계속 간직할 수 없는 이유이다. 두뇌는 혼의 기억의 도구이고, 새로운 생마다 두뇌는 새롭지만 어느 정도의 용량만 가지고 있기 때문에, 자아(Ego)가 새로운 생에서 그 용량만큼 까지만 사용할 수 있다. 자아 자신의 욕망과 이전 행동에 따라서, 자아가 그 용량을 충분하게 이용하거나 그렇지 않을 것이다. 왜냐하면 그런 과거 삶은 물질적인 존재의 힘들을 극복할 수 있는 힘을 증가시키거나 감소시킬 것이기 때문이다.

혼의 지시에 따라서 살면서, 적어도 두뇌를 혼의 기억들이 투과되도록 만들 수 있다; 만약 그와 반대되는 삶을 산다면, 점점 더 많은 구름들이 그 회상을 흐리게 만들 것이다. 그러나 두뇌는 바로 전에 살았던 삶에 대해선 어떤 역할도 없기 때문에, 일반적으로 그것을 기억할 수가 없다. 그리고 이것이 현명한 법칙이다. 왜냐하면 만약 우리가 이전 생들의 행위들과 장면들에 대한 지식을 수련으로 감당할 수 있을 때까지 그것들이 숨겨지지 않았다면, 우리들은 매우 비참해질 것이다.

또 다른 반대는 윤회의 가르침 하에서 세계의 인구 증가를 설명하는 것이 가능하지 않다는 것이다. 이것은 우리가 인구가 증가했다는 것과 그 변동에 대하여 분명히 알고 있다는 것을 가정한다. 그러나 지구의 거주자들이 증가했는지 확실하지 않고, 더구나 매년 우리가 아무것도 알지 못하는 많은 수의 사람들이 사라지고 있다. 중국에서 매년 수 천 명의 사람들이 홍수로 휩쓸려간다. 기근에 대한 통계가 만들어지지 않았다. 우리는 아프리카에서 죽는 사람들이 새로 태어나는 사람들을 얼마나 초과하는지 모른다. 그 반론은 서구 대륙과 관련되어 있는 불완전한 표에 바탕을 두고 있다. 그것은 또한 화신을 나와서 다시 화신을 기다리는 자아들이 육체에 거주하는 자아들의 숫자보다 적다고 가정하지만, 이것은 맞지 않다. 애니 베산트 여사는 이것을 그녀의 글인 [윤회]에서 다음과 같이 잘 표현했다. 즉, 거주하고 있는 지구는 어떤 마을에 있는 홀과 유사한데, 그 홀 밖에 있는 훨씬 더 많은 인구들이 있는 마을에서 인구가 채워지는 홀과 유사하다; 그 홀에 있는 숫자는 다르지만, 그 마을로부터 꾸준한 공급이 있다. 이 지구에 관해서 지구에 속하는 자아들의 수가 정해져 있지만, 그 양이 얼마인지 혹은 그 수를 지탱하기 위한 전체 용량이 얼마인지 그 누구도 알지 못한다는 것이 사실이다. 오늘날 통계학자들은 주로 서구에 있고, 그들의 표는 인류 역사의 아주 작은 부분만을 포함한다. 그들은 어느 이전 시기에 지구 모든 부분들이 가득 찼을 때 얼마나 많은 사람들이 지구에 화신하였는지 말할 수 없다. 그래서 재탄생하려는 자아들 혹은 재탄생을 기다리고 있는 자아들의 양이 얼마인지 오늘날 사람들은 알지 못한다. 신지학의 지식을 가진 대스승들은 그런 자아들의 전체 수는 거대하고, 그런 이유 때문에 태어나서 육체에 거주하려는 자아들의 공급이 죽는 수보다 충분히 많다고 말한다. 그리고 자아마다 사후 상태 속에서 머무는 기간이 다양하다는 것을 명심해야 한다. 그들은 똑 같은 간격으로 환생하지 않고, 다른 비율로 그 상태에서 나온다. 그리고 전쟁이나 전염병 혹은 기근으로 많은 사람들이 죽었을 때마다, 같은 장소나 다른 장소 혹은 인종 속으로 화신하여 쏟아져 들어오는 혼들이 있게 된다. 지구는 거주 가능한 거대한 행성들의 집합 속에 있는 아주 작은 구체이기 때문에, 여기에 화신할 수 있는 충분한 자아들이 있다. 그러나 이런 반론을 주장하는 사람들을 존중하지만, 그 반론이 윤회의 가르침의 진리와 어떤 관계가 있거나 심지어 그 가르침에 반대하는 아주 작은 힘도 없다는 것을 보지 못한다.

10장 윤회를 지지하는 논거들

만약 우리가 인간의 불멸과 혼의 존재를 부정하지 않는다면, 개별 혼이 새로운 창조물이라는 교회의 격언에 의지하는 것을 제외하고는 선재설이나 재탄생의 가르침에 반대하는 어떤 건전한 논쟁을 찾아볼 수 없을 것이다. 이런 격언은 맹목적인 교조주의에 의해서만 지지될 수 있다. 그리고 혼이 있다고 기정하면, 우리는 머지 않아서 재탄생 이론에 도달해야만 한다. 왜냐하면 각각의 혼은 비록 이 지구에선 새롭지만 사후에는 어딘가에서 계속 살아가야 하기 때문이고, 알려진 자연의 질서의 관점에서 보면, 혼은 다른 행성들 혹은 계(界)에서 다른 체들을 가질 것이기 때문이다. 신지학은 자연의 모든 영역에서 작용하는 것으로 보이는 똑같은 법칙들을 그 자아--사고자--에게도 똑같이 적용하고, 그것들은 모두 결과 뒤에 원인이 있고 원인 없는 어떤 결과도 없다는 위대한 법칙의 다양한 변형들이다. 인류 대다수의 사람들이 믿는 혼의 불멸은 여기 혹은 다른 곳에서 화신을 필요로 하고, 화신 한다는 것은 윤회를 의미한다. 만약 우리가 단지 몇 해 동안만 이 지구로 왔다가 다른 곳으로 간다면, 그 혼은 여기와 마찬가지로 다른 곳에서도 화신 하는 것이 틀림없고, 만약 우리가 다른 세계에서 여행해왔다면,

우리는 거기서도 적합한 덮개를 가졌었음에 틀림없다.

신지학 철학에서 제시된 것처럼, 마인드의 힘들과 그것의 움직임, 애착 그리고 무집착을 지배하는 법칙들은 그것을 지구에 묶어두는 힘들을 극복할 수 있을 때까지 그것이 활동하고   작용한   바로   여기에서   그것의 재화신(reimbodiment)이 있어야 한다는 것을 보여준다. 그 실체를 끌어당긴 모든 원인들을 극복하기 전에 그리고 진화의 같은 흐름 속에 있는 다른 실체들에 대한 책임을 다 하기 전에, 관계가 있는 실체가 또 다른 활동의 현장으로 이동하도록 놓아두는 것은 부당하고, 그것은 그 실체에게 계속해서 작용하는 힘들과 강력한 오컬트 법칙들에 역행하는 것이다. 초기 기독교 교부들은 이것을 보았고, 혼이 물질 속으로 떨어졌으며, 혼이 온 곳으로 힘겹게 상승하기 위해서 자연의 법칙에 따라야 한다는 것을 가르쳤다. 그들은 다음과 같은 고대 그리스 찬송가를 사용했다:

영원한 마인드, 당신의 어린 불꽃,
이 얇은 진흙 항아리를 통해서,
검은 혼돈의 파도를 거슬러
희미한 광선을 발하네.

혼을 감싸는 이 마인드가 뿌려져서
지상에 화신한 보석:
주여, 가엾게 여기고, 그리고 소유하소서
그대 속에서 탄생을 요구하는 것을.

그대로부터 멀리 나아가, 그대의 중심 불,
지구의 슬픈 노예들에게 남겨진,
떨리는 불꽃이 꺼지지 않게 하소서;
마침내 그대 자신을 흡수하소서!

인간 개개인은 다른 인간과 분명히 다른 성격을 가지고
있고, 존재들의 덩어리가 뭉쳐진 국가도 국력이나 다른
국가와 구별되는 특성들이 분명히 국가의 성격을
구성하는데 들어간다는 것을 전체로서 보여준다. 개인과
국가에서의 이러한 차이들은 교육에 의해서가 아니라
본질적인 성격 때문에 그렇다. 심지어 적자생존의
가르침에서도 이것을 보여준다. 왜냐하면 적합성은 무에서
올 수 없고 실제 내면의 성격이 표면화되는 것에서 자신을
보여주어야 하기 때문이다. 그리고 자연과의 투쟁에서
앞서가는 개인들과 국가들이 그 성격에서 엄청난 힘을
보여주기 때문에, 그 힘이 어디에서 진화해 나왔는지
우리는 장소와 시간을 찾아야 한다. 신지학에서는 그

장소가 바로 이 지구이고 그 시간은 인류가 지구에서 존재해온 기간이라고 말한다.

그러면 유전이 혼과 마인드를 약간 흔들면서 동시에 보상과 처벌을 받을 적합한 장소를 제공하면서 힘이나 사기와 관련된 성격의 차이와 관계 있는 반면에, 그것이 모든 사람에게서 보이는 본질적인 성질의 원인은 아니다.

그러나 이런 모든 차이점들, 태어날 때부터 아기들이 보여주는 차이점들, 인격이 점점 더 나오면서 어른들이 보여주는 차이점들, 그리고 국가들이 그 역사 속에서 보여주는 차이점들은 지상에서 많은 생 동안 얻은 오래된 경험에 기인한 것이고, 혼 자신의 진화의 결과이다. 인간의 짧은 한 생을 조사하는 것만으로는 그의 내면의 성질이 만들어지는 것에 대한 어떠한 근거도 발견하지 못한다. 개개 혼이 가능한 한 모든 경험을 하는 것이 필요하고, 한 생으로는 최고의 조건 하에서도 이런 것을 제공해줄 수가 없다. 전능한 신이 우리를 그토록 짧은 시간 동안 여기에 놓아두고, 우리가 삶의 목적과 그 속에 있는 가능성들을 이제 막 보기 시작할 때, 우리를 다른 곳으로 옮긴다는 것이 터무니없는 일이다. 인생의 시험과 규율을 피하고자 하는 인간의 단순한 이기적인 욕망만으로는 자연의 법칙을 무시할 만큼 충분하지 않아서, 혼은 재탄생의 원인을 멈출 때까지, 즉 모든 경험을 지나간 후에 알 수 있는 모든 진리를 얻을 때까지, 인간 성질의 모든 다양성이 나타내는 가능한 한계까지 인격을 계발할 때까지, 다시 태어나야 한다는 것이 틀림없다.

역량이라는 측면에서 사람들 사이에서 보이는 엄청난 차이를 보면, 만약 우리가 대자연이나 신에게 정의가 있다고 돌리길 원한다면, 우리가 윤회를 인정하고 그 불균형의 근원을 자아의 과거 생들 속으로 거슬러 올라가서 찾지 않을 수가 없다. 왜냐하면 태어난 환경이나 교육 때문에 사람들이 제한을 받듯이, 그들은 방해받고 곤란을 당하며, 비난받고 불공정한 것처럼 보이는 희생자가 되기 때문이다. 교육을 받지 못한 사람들이 가족과 단련의 환경을 넘어서 올라가는 것을 보거나 훌륭한 가족 속에서 태어난 사람들이 매우 적은 역량을 가진 것을 종종 보게 된다. 그러나 국가나 가족의 문제들은 어떤 다른 이유보다 역량의 부족에서 일어난다. 그리고 미개부족만을 고려한다면, 겉으로 보기에 불공정해 보이는 것들이 엄청 많다. 왜냐하면 많은 미개인들은 실제로 좋은 두뇌 역량을 가졌지만, 여전히 야만적이다. 이것은 그 육체 속에 있는 자아가 여전히 미개하고 계발되지 않았기 때문이다. 미개인들과는 대조적으로 본성적으로 야만적이지 않지만 실제로는 적은 두뇌 능력을 가진 많은 문명인들이 있는데, 그 이유는 그들 안에 내재하는 자아가 많은 다른 생 동안 문명 세계에서 오랜 경험을 가졌었기 때문이고, 한층 더 계발된 혼이기에 두뇌라는 도구를 가장 높은 한계까지 사용할 수 있는 힘을 가졌기 때문이다.

모든 사람은 자기 자신의 개체성을 알고 느끼는데, 그것은 잠에 의해 만들어진 공백뿐만 아니라 종종 일시적인 두뇌 병변에서 일어나는 공백들을 연결하는 개인이라는 동일성이다. 이 동일성은 보통 사람의 삶의 시작부터 끝까지 결코 끊어지지 않는데, 혼의 지속성과 영원한 특징만이 그것을 설명할 것이다.

따라서 우리가 기억하기 시작한 이후, 우리의 기억이 아무리 나쁘더라도, 우리의 동일성이 우리를 저버리지 않았다는 것을 우리 모두는 알고 있다. 이것은 동일성이 회고에 달려있다는 논쟁을 해결해준다. 왜냐하면 만약 그 동일성이 기억에만 의존한다면, 우리가 과거의 사건들을 세세하게 기억할 수 없기에, 매일매일 우리가 반복해서 다시 시작해야 하기 때문이다. 또한 어떤 사람들은 그들

개인의 동일성을 거의 기억하지 못하지만 느끼고는 있다. 그리고 가장 적게 기억하는 사람이 그들 개인의 동일성을 다른 사람처럼 강하게 주장하는 것을 종종 보기 때문에, 그런 느낌의 지속성은 오래된 불멸의 혼에서 와야 한다는 것이 틀림없다.

인간에게 가능한 모든 다양한 경험을 간직한 삶과 그 삶에서 가능한 목적을 볼 때, 대자연이 의두하는 모든 것을 수행하기에 단 한 번의 생으로는 충분하지 않다는 결론에 이르지 않을 수 없으며, 게다가 인간 스스로가 무엇을 하길 원하는지에 대해서는 두말할 필요도 없을 것이다. 경험의 다양성의 범위는 엄청나다. 그리고 기회가 주어진다면 계발할 수 있는 엄청난 영역의 잠재력이 인간 내면에 있다. 그 규모와 다양함에서 무한한 지식이 우리 앞에 놓여 있으며, 특히 특별한 탐구가 일반적인 규칙인 오늘날에는 더더욱 그렇다. 격정과 욕망, 이기적인 동기와 야망의 거대한 군대가 우리와 그리고 그들끼리 전쟁을 벌이면서, 심지어 죽음의 문턱까지 우리를 쫓아오는 동안, 우리는 우리가 가지고 있는 고귀한 열망에 다다를 시간이 없다는 것을 알고 있다. 이 모든 것들을 시도해보고, 정복하고, 사용하여 굴복시켜야 한다. 이것을 위해선 한 번의 생으로는 충분하지 않다. 우리 앞에 놓여있는,

계발이 불가능한 그런 가능성을 가진 단 한 번의 생을 우리가 가지고 있다고 말하는 것은, 이 우주와 생명을 강력한 신이 자행한 잔인하고 거대한 농담으로 만드는 것이다. 인간은 사소하고 절대자의 작은 창조물이란 이유만으로 혼의 특별한 창조를 믿는 사람들은 그 강력한 신이 보잘것없는 인간을 가지고 놀고 이긴다고 신을 이렇게 비난한다.

인간의 한 번의 생은 기껏해야 70년이다; 통계적으로 그 기간이 약 50년까지 줄어들기도 한다. 그리고 그 짧으나마 남아 있는 기간 중에서 대부분을 잠으로 보내고 또 다른 부분은 유년시절로 없어진다. 따라서 인간의 한 생에서 대자연이 분명하게 염두에 두고 있는 아주 작은 부분조차 성취한다는 것조차 매우 불가능하다. 우리는 한 번의 생으로 이해하기에는 충분한 시간이 아닌 많은 진리를 애매하게 보고, 특히 인간이 생존하기 위해서 투쟁해야 할 때는 더욱더 그렇다. 우리의 능력은 작고 왜소하며 약하다. 그리고 한 번의 생으로는 이것을 바꿀 기회가 없다; 우리는 그처럼 작은 시간 속에서 발휘될 수 없는 다른 힘들이 우리 속에 잠재하고 있음을 알고 있다. 그리고 우리는 진리 영역의 범위가 우리가 제한되어 있는 작은 영역보다 거대하고 크다는 것에 대하여 의심 이상의 훨씬 많은 것을 가지고 있다. 신이나 대자연이 어떤 다른 기회가 없기 때문에 고통으로 가득 찬 육체 속으로 우리를 밀어 넣었다고 가정하는 것이 합리적이지 않고, 오히려 일련의 환생들이 우리를 현재 상태로 이끌어왔으며, 여기로 거듭해서 오는 과정이 우리에게 필요한 기회를 제공할 목적으로 계속되어야 한다고 결론을 내려야 한다.

죽는다는 단순한 사실 그 자체로는 역량을 계발하거나 잘못된 성향 및 경향을 없애기에는 충분하지 않다. 우리가 천국에 들어가자마자 그 즉시 모든 지식과 순수성을 얻는다고 가정한다면, 그러면 사후의 상태는 평지로 될 것이고, 다양한 모든 규율을 가진 삶 그 자체는 모든 의미를 잃어버리게 된다. 어떤 교회들은 사후 규율의 학교에 대하여 가르치며, 그곳에서 무지한 사람들로 알려진 사도들이 교사가 되어 있다고 무례하게 말한다. 이것은 자연의 질서 속에서 어떤 근거나 합리가 없는 것이다. 게다가 만약 사후에 그런 규율이 따른다면, 왜 우리가 삶 속으로 밀어 넣어져야 하는가? 그리고 고통받고 실수를 저지른 후에 왜 우리를 행위들을 행한 장소로부터 데려가는가? 남은 유일한 해결책은 윤회에 있다. 우리는 지구로 돌아온다. 왜냐하면 지구에서 지구에 있는 존재들과 함께 우리의 행위를 하였기 때문이다; 왜냐하면 지구가 보상과 처벌을 정상적으로 부과할 수 있는 유일하게 적합한 곳이기 때문이다; 왜냐하면 여기가 완전을 향한 투쟁을 계속하고 역량 계발을 지속해서 우리 속에 있는 사악함을 파괴하기 위한 유일하게 자연스러운 장소이기 때문이다. 우리 자신과 다른 존재들에 대한 정의가 그것을 요구한다. 왜냐하면 우리는 우리 혼자 힘으로 살아갈 수 없기 때문이다. 그리고 우리들과 함께했던 사람들이 영원한 지옥 속으로 내던져지거나 그 속에 그대로 있는 채, 우리들 중에 일부가 정의를 피할 수 있도록 허락한다는 것은 부당한 일일 것이다.

야만성의 지속, 국가들과 문명들의 흥망성쇠 그리고 국가들의 완전한 소멸, 모든 것이 윤회를 제외하고는 그 어디에서도 발견되지 않는 어떤 설명을 요구하고 있다. 야만성은 여전히 남아 있다. 왜냐하면 경험이 너무 제한적이어서 여전히 야만인들인 자아들이 남아있기 때문이다; 그들은 준비가 될 때 더 높은 인종들 속으로 옮겨갈 것이다. 인종들은 사라진다. 왜냐하면 자아들이 그 인종이 제공하는 경험을 충분히 다했기 때문이다. 그래서 우리는 북미 인디안, 호텐토트, 이스터 섬의 거주자들 등과 같은 진보한 자아들이 버린 인종들의 예를 보게 되고, 그들이 사라져가면서 과거에 높은 차원의 삶을 경험하지 못한 다른 혼들이 그 인종이 제공할 경험을 얻을 목적으로 계속 사용하기 위해서 그 인종으로 들어간다. 어떤 인종이 생겨나서 갑작스럽게 사라질 수가 없다. 그런 경우가 없다는 것은 우리는 이해하지만, 과학은 설명하지 못한다; 과학은 이것이 사실이고, 국가들이 쇠퇴한다는 것을 단순히 말한다. 그러나 이 설명에는 내면의 인간이나 하나의 인종을 만들기 위해서 통합시키는 심오하고 미묘한 오컬트 법칙에 대하여 말하지 않는다. 신지학은 함께 뭉친 에너지는 점진적으로 확장되어야 하고, 그래서 그 인종과 같은 수준의 계발을 성취한 자아들이 어쩔 수 없이 그런 종류의 육체에 거주해야 하는 것이 아니라도, 그 인종의 성격을 가진 육체들을 재생하는 것이 계속 진행되어야 한다는 것을 보여준다. 따라서 전체 자아들이 자신들과 유사한 또 다른 물리적 환경을 찾아서 떠날 때가 올 것이다. 대자연의 경제는 인종의 육체가 갑자기 사라지도록 허락하지 않을 것이고 그래서 진화의 진정한 질서 속에서 새로운 육체의 생산을 계속하면서 동시에 그 수를 줄여가면서 다른 덜 진화한 자아들이 와서 제공된 형태들을 사용할 것이다. 이 낮은 수준의 자아들은 다른 자아들이 남겨놓은 에너지 덩어리의 용량의 한계까지 따라갈 수 없기에, 새로운 경험을 가능한 한 많이 얻는 동안, 그 인종은 시간이 지나면서 쇠퇴하고 사라져갈 것이다. 이것이 소위 줄어드는 야만성에 대한 설명이고, 어떤 다른 이론도 그 사실을 충족시키지 못할 것이다. 인종학자들은 한 층 더 문명화된 인종들이 다른 인종을 없앤다고 가끔 생각했다. 그러나 사실은 오래된 인종의 육체에 거주하는 자아들과 그 육체 에너지 사이에 엄청난 차이의 결과로 여성들이 불임 상태로 변하기 시작하고, 이렇게 해서 서서히 그러나 확실히 죽음의 숫자가 탄생의 숫자를 초과하게 된다. 중국은 이제 하강으로 빠르게 내려가기 바로 직전의 정체 상태 속에 있기에 때문에 그 자체로 쇠퇴 과정에 있다. 이집트나 바빌론 같은 거대한 문명들이 사라졌다. 왜냐하면 그것을 만든 혼들이 오래 전에 유럽이나 미국 대륙의 국가들로 환생하였기 때문이다. 국가와 인종으로서 그들은 전체 다 환생하였고 이전 보다 훨씬 더 크고 고귀한 목적을 위해서 다시 태어났다. 고대의 모든 인종들 중에서 아리안 인도 인종만이 아직 그대로 고대의 가르침을 간직하고 있다. 그들도 언젠가는 과거의 영광으로 다시 솟아오를 것이다

재탄생의 법칙만이 어떤 선조가 보여준 천재성이 가족으로부터 소멸되는 것 혹은 이런 특질들이 없는 가족 속에서 천재들과 위대한 마인드들이 출현하는 것을 설명할 수 있다. 나폴레옹 1세는 힘이나 권력에서 그와 다른

가족에서 태어났다. 그의 유전 속에서는 어떤 것도 그의 성격을 설명하지 못할 것이다. 탈레랑 왕자의 회고록에서 말했듯이, 나폴레옹 자신이 샤를마뉴 대제였다고 말했다고 한다. 끌어내야 할 마인드와 성질 그리고 힘의 원인 혹은 진화의 올바른 선이 제공하는 장구한 일련의 생들을 살았다고 가정함으로써만, 다른 위대한 천재가 출현하는 이유를 조금이나마 이해할 수 있다. 모짜르트는 아기였을 때 오케스트라용 악보를 작곡할 수 있었다. 이것은 유전 때문이 아니다. 왜냐하면 그런 악보는 자연적인 것이 아니라 기계적이고 전적으로 관습적인 것이며 학교를 다니지 않고도 그는 그것을 이해했다. 어떻게? 왜냐하면 그는 그의 가족이 제공한 음악적인 두뇌를 가지고 환생한 음악가였고 그가 음악적인 지식을 보여주려는 노력에 방해받지 않았기 때문이다. 그러나 맹인 톰의 경우가 더욱 강력한 예이다. 그는 그의 육체 원자로 음악 지식을 전달할 수 없는, 현대 악기인 피아노에 대한 어떤 지식도 가질 수 없는, 그런 가족에서 태어난 흑인이다. 하지만 그는 위대한 음악 능력을 가졌고 현재의 음계를 피아노로 칠 줄 알고 있었다. 이런 영재들 중에 세계를 놀라게 많든 예들이 수없이 많이 있다. 인도에서는 철학에 대한 완전한 지식과 유사한 것을 가지고 태어난 성인들에 대한 많은 이야기들이 있다. 그리고 의심할 여지없이 다른 국가들에서도 같은 것을 볼 수 있다. 이렇게 지식을 가져오는 것은 또한 본능을 설명한다. 왜냐하면 그것은 단지 육체 기억과 마인드의 기억으로 구분가능 한 기억에 불과하기 때문이다. 그것을 어린 아이와 동물들에서 보게 되고, 이전의 경험의 결과에 불과하기 때문이다. 그리고 자기 보호를 위해서 팔을 쭉 펴는 새로 태어난 아기를 보건, 매우 강력한 본능의 힘을 가진 동물을 보건 혹은 기하학의 규칙에 따라서 벌집을 만드는 벌을 보건, 그것 모두가 마인드나 육체 세포 속에서 작용하는 윤회의 결과이다. 왜냐하면 먼저 축적된 것 하에서 어떤 원자도 나름대로의 생명, 의식 그리고 지성이 없지 않기 때문이다. 바하의 경우에서, 그 자아가 진보하지 않았다면, 유전은 아무 쓸모가 없다는 증거가 된다. 왜냐하면 바하의 천재성이 그의 가계에서 태어나지 않았기 때문이다; 그것은 점진적으로 사라져갔고, 결국에는 그의 가계에서 완전히 사라져버렸다. 또한 선하고 순수한 지성적으로 발달한 부모로부터 바보나 사악한 아이들이 태어나는 것도 같은 방식으로 설명된다. 그것들은 전적으로 나쁘거나 불완전한 자아가 유전을 무력화시킨 경우들이다.

마지막으로 지구의 계발이 시작되기 오래 전 이전 시대에 그 교훈들을 다 배워 완전해진 형제들과 성인들이 지구에서의 진화 초기에 인간의 마인드 속에다 심어놓은 그런 개념들(생각)의 기억 때문에, 어떤 내재적인 생각들이 인류 전체에 공통적이라는 사실을 성인들이 설명해 준다. 과학은 단지 그것들이 존재한다고 말하는 것을 제외하고는 내재적인 생각들에 대한 어떤 설명도 제시해주지 못한다. 사실 여기 지구의 진화 속에 있는 많은 자아들에게 이것들을 가르쳤다; 그것들은 그들의 성질 속에 각인되었거나 깊이 새겨졌고, 항상 기억되었다; 그것들은 오랜 순례를 통해서 자아를 따라다닌다.

어떤 도그마 때문에 마인드가 구속되어 그 힘들을 사용하지 못하게 될 때가 아닌 경우에는, 윤회에 대한 반대는 오로지 편견에 바탕을 두고 있다고 종종 생각되어 왔다. 이 가르침은 모든 가르침들 중에서 가장 고귀한 가르침이고, 다음에 보게 될 동반 가르침인 카르마의 가르침과 함께, 윤리에 대한 토대를 제시해준다. 기독교의 창시자가 그것을 당연한 것으로 여겼고 현재 그 가르침이 없는 것은 기독교 국가들이 공언하는 윤리와 예수님께서 주신 윤리들과 너무나 반대되는 그들의 실제 실천들 사이의 모순 때문이라는 것에는 의심이 없다.

11 장 카르마

카르마는 서구 사람들에게는 익숙하지 않은 단어이다. 이것은 19 세기 신지학자들이 채택한 용어로 자연의 법칙들 중에서 가장 중요한 것 중에 하나를 나타내는 용어이다. 그 작용은 끝이 없으며, 개개인들, 가족들, 국가들, 인종들, 별들 그리고 그 별들의 집합체인 태양계와 같은 거대한 체계에도 똑 같이 작용한다. 그것은 윤회와 함께 쌍둥이 법칙이다. 이 두 법칙은 서로 깊게 연결되어 있어서 분리해서 본다는 것이 거의 불가능하다. 이 우주의 그 어떤 부분이나 존재도 카르마의 작용으로부터 제외될 수 없다. 모든 존재나 만물은 카르마의 작용 하에 있으며 잘못을 하면 처벌을 받지만 또한 휴식과 보상을 통해서 완성이라는 높은 고지로 가도록 이끈다. 그 영향의 범위가 물질적인 존재뿐만 아니라 도덕적인 존재 영역까지 포함하는 광대한 범위이기 때문에, 그 의미를 전달하기 위해서는 많은 부연 설명이 필요하다. 바로 이런 이유 때문에 산스크리트어인 [카르마]를 그대로 채택하였다.

인간의 윤리적인 삶에 적용하면, 그것은 윤리적인 원인, 정의, 보상과 처벌의 법칙이다. 또한 탄생과 재탄생의 원인이며, 윤회로부터 벗어날 수 있는 방법이기도 하다. 또 다른 관점에서 보면 그것은 원인으로부터 따라오는 결과이며, 작용과 반작용의 법칙이다. 그것은 모든 생각과 행동의 정확한 결과이다. 그것은 또한 행위이며 행위의 결과이기도 하다. 카르마라는 말의 글자 그대로의 의미가 행위이다. 신지학은 이 우주를 지성을 가진 전체로 보며, 우주 속에서 일어나는 모든 움직임은 결과를 만들어 내는 전체의 행위로 본다. 또한 그 결과들은 또 다른 결과들의 원인이 된다. 이와 같이 폭 넓게 보게 되면, 아주 미미한 존재에서부터 거대한 존재인 브라흐마에 이르기까지, 모든 존재들은 카르마의 법칙 하에 있다고 고대 힌두인들은 말했다.

카르마는 하나의 존재가 아니라 보편적인 법칙이다. 그것은 불균형을 균형 상태로 끝임 없이 회복하려는 보편적인 조화의 법칙이다. 이런 점에서 생각하는 존재인 전능자(신)가 자신이 건설한 것이 부조화를 이루어서 무너뜨리고 파괴한다고 생각하는 일상적인 견해와 차이가 있다. 이런 이유 때문에 수많은 사람들이 신에 대한 두려움 속에서 이기적인 보상을 획득하고 신의 분노를 피하기 위해서 신이 내렸다는 계율에 순종하며 살도록 만들었거나 모든 영적인 삶을 부정하는 암흑 속으로 떨어뜨려버렸다.

그러나 분명히 인간들이 살고 있는 주위에서 지속적인 전쟁이 일어나고 있고, 태양계 내 곳곳에서도 끝없는 파괴가 일어나고 있어서 많은 슬픔을 일으키기 때문에, 이런 수수께끼에 대한 해답이 필요하다고 생각하게 된다. 도피할 곳이나 희망이 없는 가난한 자들은 신을 향해 외치지만, 신은 아무런 대답이 없다. 그래서 부유한 사람들의 안락과 기회들을 볼 때, 그들 마음 속에서 시기심이 일어나게 된다.

그들은 부유한 방탕한 사람들과 어리석은 사람들이 처벌을 받지 않은 채 즐기는 것을 보게 된다. 종교계 스승들에게 물어보면, 정의의 질문에 대한 대답을 만난다.

어떤 재력, 교육 기회를 갖고 있지 않거나, 사회, 인종 혹은 환경적인 장애물들을 극복할 수 있는 능력을 갖고 있지 않은 사람들에게 그런 비애를 허락하는 정의에 대한 질문의 대답으로, "그것은 신의 의지이다"라는 대답을 만든다. 모든 것이 잘될 것으로 약속했을 때, 부모들은 사랑하는 아이를 낳지만 때가 안 맞아서 죽음으로 단절된다. 그들도 "왜 내가 고통을 받는가?"라는 의문에 대한 답이 없으며, 신의 자의적인 의지가 그들의 비애의 원인이라고 접근 불가능한 신을 비이성적으로 언급한다. 이렇게 삶의 모든 곳에서, 상실, 상처, 학대, 기회의 상실, 인간의 행복을 파괴하기 위해서 작용하는 자연의 힘들, 죽음, 실망이 끊임없이 선한 사람과 악한 사람을 괴롭힌다. 그러나 자기 자신의 행복과 비참함의 원인들을 작동시키는 유일한 자, 즉 개개인은 자기 자신의 운명을 만드는 자이고 주조하는 자라는 고대의 진리들 이외에는 어느 곳에서도 어떤 대답이나 도움이 없다. 한 생에서는 씨를 뿌리고 다른 생에서 거두어들인다. 이렇게 영원히 카르마의 법칙이 그를 이끈다.

카르마는 한치의 오차도 없는 정의롭고 자비로운 은혜의 법칙이다. 왜냐하면 진정한 자비는 편애가 아니라 공정한 정의이기 때문이다.

"나의 형제여! 개개인의 생은
이전 삶의 결과이다;
과거의 잘못은 비애와 고통을 가져오고,
과거의 올바른 일은 축복을 낳는다. . .
이것이 카르마의 가르침이다."

이런 생이 과거의 선행과 잘못으로 어떻게 영향을 받으며, 그리고 그것은 항상 처벌의 방식으로 영향을 받는가? 카르마는 단지 또 다른 이름의 운명, 어떤 탈출이 불가능해서 운명에 영향을 줄 수 없는 행동이나 생각에 대하여 부주의하게 만드는, 이미 정해지고 짜인 운명인가? 그것은 운명론이 아니다. 이전 육체 속에서 행한 모든 것이 새로운 탄생에서 자아가 즐기거나 고통을 받을 결과를 가지고 있다. 왜냐하면 성 바울이 다음과 같이 말한 것처럼: "형제여, 스스로를 속이지 마세요. 신(God)을 속이지 못합니다. 왜냐하면 사람은 무엇을 뿌리건 그것을 거둬들일 것입니다." (갈라디아서 6 장 7 절) 왜냐하면 결과는 원인 속에 있고, 카르마는 환생에서 제공된 육체, 두뇌 그리고 마인드 속에서 그 원인의 현현을 만든다. 그리고 어떤 한 사람이 일으킨 원인이 그것이 온 중심으로서 그 사람과 분명한 관계가 있기 때문에, 개개인은 자기 자신의 행위들의 결과를 경험한다. 우리는 종종 순전히 다른 사람들의 행위의 결과를 받는 것처럼 보일 수도 있지만, 이것은 이번 생이건 이전 생이건 자기 자신의 행위와 생각의 결과이다. 우리는 항상 다른 사람들과 함께 동반해서 우리의 행위들을 하고, 근저에 깔려있는 생각과 함께 그 행위들은 우리 자신과 다른 사람들과 관계를 항상 가지고 있다.

어떤 행위이건 그 행위를 수행할 때 혹은 그 행위를 하도록 이끌 때 근저에 어떤 생각이 없이는 수행하지 못한다. 이런 생각들이 우리가 마나스––마인드––라고 부리는 인간의 그 부분에 머무르고 있고, 태양계를 얽어넣는 자성적인 줄로 그것을 통해서 다양한 결과들이 나오는 섬세하지만 강력한 연결고리가 여전히 있다. 지구가 속하는 전체 태양계가 살아 있고, 모든 세계에서 의식하고 있으며, 인간 속에서만 자의식을 보인다고 앞 장에서 제시된 이론이 이번 생에서 한 행동 밑에 있는 생각이 이번 생이나 다음 생에서 어떻게 결과를 일으키는지 설명하는데 적용하게 된다. 최면 속에서 시행한 놀라운 근대의 실험들을 보면, 인간의 역사 속에서 아무리 멀리 있더라도 가장 작은 인상도 되살아날 수 있어서, 그것은 잃어버린 것이 아니라 단지 잠재하고 있다는 것을 보여준다. 예를 들어 꼽추에다 어깨 사이로 머리가 들어가고 팔은 길며 다리는 짧은 매우 짧게 태어난 어린 아이를 보자. 왜 이런 일이 있나? 이전 삶에서 그의 생각들과 행위들의 카르마 때문이다. 그는 그의 불멸의 마인드 속에 그가 해를 준 사람의 기형 이미지가 각인되었을 정도로 기형의 사람을 집요하게 혹은 격렬하게 매도하고 박해했거나 해를 주었기 때문이다. 왜냐하면 그의 생각의 강도에 비례해서 그림의 강도와 깊이가 만들어질 것이다. 민감한 사진판의 노출과 정확히 유사하다. 즉 그 노출이 길거나 짧으냐에 따라서, 감광판에 인상이 약하거나 강하게 남는다. 마찬가지로 사고자이자 행위자인 자아(Ego)가 재탄생하면서 이런 그림을 가지고 오고, 자아가 태어나기 위해서 이끌린 가족이 비슷한 육체적인 성향들을 가지고 있다면, 멘탈 그림들 때문에 그 아이의 엄마를 통해서 전기적 자성적인 삼투압에 의해서 새로 형성되는 아스트랄체가 기형의 형상을 취하도록 만든다. 그리고 지구 상에 있는 모든 존재들은 서로 떼어놓을 수 없게 함께 연결되어 있어서, 기형의 아이는 부모들의 카르마이기도 하다. 그것은 부모들의 다른 생 속에서 그들도 비슷한 생각과 행위들을 한 것에 대한 정확한 결과이다. 바로 여기에 어떤 다른 이론도 제공하지 못하는 정의의 정밀함이 있다.

설명의 목적을 위해서 같은 예를 계속하면, 행복한 기질과 탁월한 지성 그리고 건전한 판단과 여러 모로 보나 선한 윤리적인 특질을 가지고 있는 기형의 사람을 종종 보듯이, 바로 이 예도 카르마는 모든 개개인의 경우 여러 가지 다양한 종류가 있음에 틀림없고, 또한 우리 성질의 어느 한 부분에서는 즐겁게 다른 부분에서는 불쾌하게 될 수 있는 가능성을 가진 우리 존재의 어느 한 부문 이상에서 작용한다는 결론에 이르게 된다.

카르마는 세 가지 유형들이 있다:

첫째--어떤 다른 카르마가 작용하기 때문에 어떤 영향을 만들지 않은 것. 이것은 물리학자들에게 잘 알려진 법칙이다. 즉, 두 가지 상반되는 힘은 중립성을 만드는 경향이 있다는 것과 한 가지 힘이 강하면 다른 힘이 일시적으로 작용하는 것을 막는다는 것이다. 이 법칙은 물질계에서 작용하듯이, 보이지 않는 존재 영역 혹은 멘탈계와 카마계에서도 작용한다. 어떤 육체적, 멘탈적 그리고 심령적인 기능들의 힘이 우리와 연결된 원인들의 작용을 방해할 수도 있다. 왜냐하면 개인의 전체 성질이 이런 법칙을 수행하는 데 사용되기 때문이다. 그래서 약하고 평범한 사람들은 카르마의 약한 중심점을 제공하고, 그들이 그것이 매우 무겁다고 느낄지라도 그들 속에서 평생 동안의 일반적인 결과는 제한되어 있다. 그러나 많은 힘을 가지고 있고 폭넓고 깊은 성격을 가진 사람은 약한 사람보다 훨씬 많은 양의 카르마의 작용을 느낄 것이다.

둘째--우리가 우리의 생각과 행위로 지금 만들거나 쌓는 카르마로, 환생하는 자아가 어떤 다른 생에서 혹은 파괴적인 카르마가 제거될 때마다 적합한 육체와 마인드 그리고 환경을 가질 때 미래에 작용할 카르마.

이것은 현재 생과 다음 생에 영향을 준다. 왜냐하면 어떤 사람은 이전의 모든 원인들을 풀었기 때문에 이번 생에 새로운 카르마 혹은 소진되지 않은 카르마가 작용하기 시작하는 지점에 올 수도 있다.

이런 경우가 갑작스러운 행운의 반전을 겪는 사람들이나 환경 혹은 성격이 더 좋게 변하는 사람들의 경우이다. 이것이 갖는 매우 중요한 영향은 우리의 현재 행동이다. 과거의 카르마는 작용해야 하고 멈출 수 없는 반면에, 다음 생이나 나중 생을 위해서 현재 환경 하에서 어떤 나쁜 원인들을 만들지 않겠다고 생각하고 행동하는 것이 현명하다. 반항은 소용이 없다. 왜냐하면 우리가 기뻐하건 슬퍼하건 법칙이 작용하기 때문이다. 유명한 프랑스 엔지니어인 드 레셉스가 이런 부류의 카르마의 좋은 예이다. 많은 해 동안 높은 수준의 성취와 영광으로 올라갔다가, 파나마 운하 스캔들로 갑자기 치욕스럽게 추락했다. 그가 무죄건 유죄건, 고위 공무원들이 연루된

부패와 뇌물로 더럽혀진 국영 기업체와 관련이 있다는 수치를 갖게 되었다. 이것은 이전 생들을 지배했던 카르마들이 소진되자 마자 과거의 카르마의 원인들이 그에게 작용한 것이었다. 나폴레옹 1세가 또 다른 예이다. 왜냐하면 그는 위대한 명성을 가졌다가, 갑작스럽게 추락했고 유배지에서 불명예스럽게 죽었다. 사려 깊은 독자들에게 많은 다른 예들이 일어날 것이다.

셋째--결과들을 만들기 시작한 카르마. 이것은 다른 자아들과 이전 생들에서 만든 원인들이 이번 생에 지금 우리에게 작용하는 것이다. 그리고 그것은 현재 생의 개개인의 육체, 아스트랄체 그리고 인종의 성향들과 가족의 혈통에 가장 잘 맞추어져 있기 때문에, 그것이 작용하는 속에서 명확하게 나타난다. 반면에 아직 소진되지 않은 다른 카르마는 그 순서를 기다리고 있다.

이 세 가지 부류의 카르마는 인간과 동물, 세계 그리고 진화 시기를 지배한다. 모든 결과는 이전 원인에서 흘러나온다. 그리고 모든 존재들이 꾸준히 다시 태어나기 때문에 그들은 계속해서 이전 생의 그들의 생각과 행동의 결과를 경험한다. 성 마태가 말했듯이, 개개인은 모든

말과 생각에 대해서 책임져야 한다(마태복음 12 장 36 절);
그 누구도 기도나 호의 혹은 힘을 통해서 피해갈 수 없다.

이제 카르마의 원인들을 세 가지 부류로 나눌 수 있으며,
그것들은 다양한 영역에서 작용할 수 있다. 그것들은
인간의 멘탈 및 지성적인 성질, 심령 혹은 혼의 성질,
그리고 육체와 환경 속에서 작용한다. 인간의 영적인
성질은 카르마에 의해서 결코 영향을 받지 않는다.

한 가지 종류의 카르마가 우리 성질의 세 가지 세계에
어느 정도 동시에 작용할 수도 있고, 혹은 어떤 것은 어떤
계에 또 다른 원인은 또 다른 계에 작용하듯이 원인들의
혼합이 작용할 수도 있다. 혼의 성질에 훌륭한 마인드를
가진 기형인 사람을 보자. 여기서 징벌적 혹은 불쾌한
카르마가 육체에 작용하고 있는 반면에 멘탈 그리고
지성적인 성질의 좋은 카르마를 경험하고 있지만,
심령적으로 그 카르마 혹은 원인은 서로 다른 종류라도 그
결과는 차별이 없다. 다른 사람 속에서는 다른 조합이
나타난다. 그는 훌륭한 육체와 좋은 환경을 가지고 있지만,
성격이 시무룩하고 짜증을 내며 신경질적이고 양심이 깊고
병적이며 자신뿐만 아니라 다른 사람들에게도 불쾌한
사람이다. 여기서 좋은 육체적인 카르마와 나쁜 멘탈

카르마, 지성 카르마 그리고 심령 카르마가 작용하고 있다. 모든 기회와 힘을 가진 곳에서 태어난 사람들이 우둔하거나 갑자기 미치는 경우들이 일어나는 것을 독자들은 볼 것이다.

카르마의 법칙의 이런 모든 단계들이 개인에게 영향력을 행사하듯이, 그것들은 인종들, 국가들 그리고 가족들에게도 마찬가지로 영향을 준다. 개별 인종은 전체적으로 나름대로의 카르마를 가지고 있다. 만약 그것이 좋은 것이면 그 인종은 앞으로 나아간다. 만약 그것이 나쁜 것이면, 하나의 인종으로서 사라지고, 그러면 관계된 혼들은 다른 인종과 체들에서 자신들의 카르마를 지게 된다. 국가들도 그들 국가의 카르마를 피해갈 수 없고, 사악한 방법으로 행동한 국가는 어느 국가건 언젠가는 고통을 받을 것이다. 19 세기 서구의 카르마는 이스라엘의 카르마이다. 왜냐하면 심지어 가장 단순한 초보자도 유럽과 미국 대륙의 국가들에서 모세의 영향력을 가장 강력하게 볼 수 있기 때문이다. 고대의 아즈텍 및 아메리카 대륙의 사람들은 사라졌다. 왜냐하면 그들의 카르마가--먼 과거에 국가들로서 그들 자신의 삶의 결과로--그들에게 떨어져서 파괴했기 때문이다. 국가들의 경우, 무거운 카르마의 작용은 항상 기근, 전쟁, 자연의 격변 그리고 그 국가 여자들의 불임을 통해서 일어난다. 마지막 원인은 끝에 일어나고 나머지 전체를 휩쓸고 간다. 그리고 그 인종이나 국가 속에 있는 개인은 만약 그의 생각이나 행동에서 무관심해서 그 국가나 인종의 일반적인 보통의 카르마 속으로 형성되면, 결국에는 전체 운명 속으로 휩쓸려 갈 것이라고 이 위대한 가르침에서 경고한다. 이것이 고대의 스승들께서 "너희는 나와서 따로 있으라" (고린도후서 6 장 17 절)고 외쳤던 이유이다.

윤회와 더불어 카르마의 가르침은 이 세계의 고통과 비애를 설명하며, 정의가 없다고 대자연을 비난할 여지가 없다.

어떤 국가나 인종의 비애는 그 국가나 인종을 구성하는 자아들의 생각과 행위의 직접 결과이다. 희미한 과거에 그들은 사악하게 했고 그래서 고통을 받는 것이다. 그들은 조화의 법칙들을 위반했다. 불변의 규칙은 깨진 조화를 회복해야 한다는 것이다. 그래서 이 자아들은 오컬트 우주의 균형을 회복하고 보상할 때 고통을 받는다. 자아들 전체가 그들이 일으킨 원인들을 다 소진할 때까지 그 국가나 인종 속에서 계속 환생해야 한다. 잠시 동안이라도 그 국가가 물질계에서 사라지더라도, 그것을 구성한 자아들은 그 나라를 떠나지 않고 어떤 새로운 국가의 구성원으로 나오게 되며, 그 나라에서 계속해서 일하고 그들의 카르마가 주는 대로 처벌이나 보상을 받는다. 이 법칙에 대해서 고대 이집트인들의 설명이 있다. 그들은 분명히 높은 성취 지점까지 올라갔다. 그리고 하나의 국가로서 절멸하였다. 그러나 그 혼들--과거의 자아들--은 계속 살고 있고 우리 시대의 어떤 나라로서 지금 자기가 만든 운명을 수행하고 있다. 그들은 새로운 미국 대륙의 국가일 수도 있고 이 세계를 위아래로 방황하면서 다른 사람들의 손 안에서 고통을 받을 운명인 유대인들일 수도 있다. 이런 과정은 완전하게 공정하다. 예를 들면, 미국과 미국 인디언들을 보자. 미국 인디언들은 가장 치욕스럽게 대우를 받았다. 인디언들의 자아들은 새롭게 정복하는 민족 속에서 다시 태어날 것이고, 그 위대한 가족의 구성원들은 그들에게 행했던 행위에 대한 마땅한 결과를 가져오는 수단이 될 것이다. 이렇게 이전에도 일어났듯이, 앞으로도 계속 다시 일어날 것이다.

어떤 생에서 개개인의 불행은 이렇게 설명된다:

가) 과거 생들에서 행한 악에 대한 처벌이나,

나) 불굴의 용기와 공감을 성취하기 위해서 혹은 결점을 제거할 목적으로 자아가 취하는 규율. 결점들이 제거되었을 때, 그것은 마치 물을 대는 수로에서 물이 들어오는 것을 막고 있는 방해물을 제거하는 것과 같다. 행복도 같은 방식으로 설명된다. 이전 생들의 선행의 결과라고.

과학적이고 설득력 있는 올바른 윤리의 바탕을 바로 이 가르침에서 보게 된다. 왜냐하면 만약 올바른 윤리가 단지 그 자체를 위해서 실행된다면, 인간은 이유를 이해하지 않을 것이고, 그리고 이유를 결코 이해할 수 없을 것이기 때문이다. 바로 그 이유 때문에 그들은 올바로 행해야 한다. 만약 두려움 때문에 윤리를 수행해야 한다면, 인간은 퇴화하는 것이고 분명히 그것은 피할 것이다. 만약 법칙이나 정의가 아니라 전지자의 편애가 그 이유라면, 그러면 바로 오늘날 성행하고 있는 것을 보게 될 것이다. 즉, 예수께서 서구에 주셔서 국가들이 공언하지만 소수를 제외하고는 거의 실천하지 않는 규칙처럼.

이 주제에 대하여 초인들은 [씨크릿 독트린]에서 다음과 같이 쓰셨다:

"만약 인간이 불화와 투쟁 대신에 화합과 조화 속에서 일한다면 카르마의 방법들을 이해할 수 있을 것이다. 왜냐하면 만약 우리가 이 모든 것을 올바른 원인으로 돌린다면, 그런 방법들에 대한 무지가 확실히 사라질 것이기 때문이다--인류의 일부분은 그것을 어둡고 복잡한 신의 방법들이라고 부르고, 반면에 다른 사람들은 그것들 속에서 맹목적인 운명주의를 보며, 또 다른 사람들은 그것들을 안내하는 것은 신도 악마도 아닌 단순한 우연이라고 본다. 우리 이웃들이 우리를 해치려고 하지 않고 우리도 그들을 해치지 않는다는 올바른 지식 혹은 확실한 신념을 가진다면, 이 세계의 악의 3 분의 2 가 사라질 것이다. 그 누구도 자신의 형제를 해치지 않는다면, 카르마-네메시스는 작용할 원인이나 무기가 없게 될 것이다. . . 우리는 매일 우리 손으로 우리 운명 속에서 많은 굴곡들을 자른다. 반면에 우리는 존경과 의무라는 고귀한 왕도를 추구하고 있다고 상상하면서, 너무 복잡하고 어두운 그런 방법들에 대하여 불평한다. 우리는 우리 자신이 만든 신비와 우리가 풀지 않는 삶의 수수께끼 앞에 서서 당혹해하면서, 거대한 스핑크스가 우리를 집어삼킨다고 비난한다. 그러나 이번 생이나 다른 생에서 우리 자신이 행한 것으로 추적할 수 없는 어떤 불운이나 잘못 만들어진 날 혹은 우연이란 분명히 없다."

". . . 카르마에 대한 지식은 확신을 준다. 만약 −

   '. . . 고통 속에서 미덕, 그리고 승리 속에서 악이

   인류를 무신론자로 만든다면,'

그것은 인간은 자기 자신의 파괴자이듯이 자기 자신의 구원자라는 위대한 진리에 인류가 눈을 감았기 때문이다. 그러면 그는 인류 중심에서 지배하는 얼핏 보기에 부당한 것에 대하여 하늘과 신들, 운명과 섭리를 비난할 필요가 없어진다. 하지만 그것(That)을 비난하는 것을 삼가 하도록 경고하는 작은 조각의 고대 그리스의 지혜를 기억하고 되새기도록 하자.

   '. . . . .'

   '정의는 신비하지만 우리를 정확하게 안내한다

   유죄에서 처벌로 표시 없는 길들을 통해서. . .'

그것들이 이제는 거대한 유럽 국가들로 향해 움직이는 주요 도로이자 길들이다. 모든 국가와 부족의 서구 아리안들은 동양의 제 5 인종의 형제들처럼 그들 나름대로의 황금시대와 철기시대, 비교적 무책임한 시기 혹은 순수의 사티야 시대를 가졌다. 반면에 지금 그들 몇몇은 철기시대인 공포로 어두운 칼리유가에 도달했다. . .

"이런 상태가 지속될 것이다. . . 우리가 외부에서 오는 충동을 쫓는 대신에 내면으로부터 행동하기 시작할 때까지. . . 그때까지 삶의 악들에 대한 유일한 일시적인 처방은 합일과 조화이다 -- 단순히 이름뿐인 이타주의가 아니라 실질적인 형제애."

12 장 카마 로카

지금까지 존재들과 사물들의 진화 전체 영역을 개괄적으로 보았기에, 이제 육체의 사후와 탄생 이전 상태들에 대하여 보자. 그러면 그 즉시 질문이 나온다: 천국과 지옥이 있는가, 그것들은 무엇인가? 그것들은 상태들인가 아니면 장소들인가? 그것들이 있는 곳은 우리가 오고 가는 공간 속에 어떤 지점인가? 우리는 인간의 구성 요소 중에서 네 번째 원리, 영어로는 욕망 혹은 격정, 산스크리트어로는 카마의 주제로 돌아가야 한다. 그 원리에 대하여 지금까지 말한 것과 아스트랄체와 아스트랄 빛 그리고 관련된 가르침을 기억하면, 죽음 전과 죽음 후의 두 가지 상태들에 대하여 이해하기가 쉬울 것이다. 시간 순서대로 보면 우리는 육체의 죽음으로 먼저 욕망의 세계인 카마 로카로 들어가고, 그리고 나서 진정한 인간인 상위 원리들이 데바찬 상태로 들어간다. 카마 로카를 다룬 후에, 데바찬의 질문을 공부하는 것이 훨씬 쉬울 것이다.

숨결이 육체를 떠나면 우리는 그가 죽었다고 말한다. 그러나 이것은 죽음의 시작에 불과하다; 이것은 다른 세계에서도 진행된다. 육체가 차갑고 눈이 감겼을 때, 육체와 마인드의 모든 힘들이 두뇌를 향해서 쏟아져 들어가고, 일련의 그림들을 통해서 방금 끝난 전체 삶, 전체의 개요뿐만 아니라 가장 사소하고 스쳐 지나가는 가장 작은 인상까지 모두 내면의 인간 속에 지울 수 없도록 각인된다. 바로 이 순간 모든 표시가 그가 죽었다는 것을 나타내고 이번 생에서 사실상 완전히 죽었다 하더라고, 여전히 진정한 인간은 두뇌 속에서 바쁘게 일하고 거기서 그의 일이 끝날 때까지 그 사람은 간 것이 아니다. 이 장엄한 일이 끝날 때, 아스트랄체가 육체로부터 분리되고, 생명 에너지가 떠나면서 남아 있는 다섯 가지 원리들이 카마 로카 계에 있게 된다.

죽음으로 일어나는 원리들의 자연스러운 분리가 전체 인간을 세 가지 부분으로 나눈다:

- 첫째, 지상에서 더 분해과정을 겪는, 모든 원소들을 가진 눈에 보이는 육체로, 그 육체를 구성하는 모든 것은 시간이 지나면 자연의 서로 다른 물질 부문으로 녹아 들어간다;
- 둘째, 아스트랄체와 격정 그리고 욕망으로 구성된 카마 루파로, 아스트랄계에서 그 즉시 분해되기 시작한다;
- 셋째, 진정한 인간인 아트마-붓디-마나스의 상위 삼중체는 이제 지상의 조건들에서 나와서 육체 없이

매우 정묘한 외피 속에 있는 마인드처럼 데바찬에서 활동하기 시작한다. 그리고 지구로 돌아올 시간이 되었을 때 그 외피를 벗어버릴 것이다.

카마 로카--욕망계--는 지구를 둘러싸면서 관통하고 있는 아스트랄 영역이다. 하나의 영역으로서 그것은 지구 위, 지구 속 그리고 지구 주위에 있다. 그 범위는 지구에서 측정할 수 있는 거리이지만, 여기서 존재하는 일반적인 법칙들이 거기서는 존재하지 않고, 그 속에 있는 실체들은 우리가 영향을 받는 시간과 공간 같은 똑 같은 조건에 영향을 받지 않는다. 초자연적인 것이 아스트랄계와 관련 있지만 하나의 상태로서 그것은 형이상학적이다. 그것이 욕망계라고 불려지는 이유는 네 번째 원리와 관련 있기 때문이고, 그 속에서 지배적인 힘은 지성이 없고 지성과 분리된 욕망이기 때문이다. 그것은 지상과 데바찬의 삶 사이에 있는 아스트랄 영역이다. 의심할 여지없이 그것은 기독교의 연옥 이론의 기원으로, 그곳에서 혼이 잘못한 것에 대하여 속죄를 겪고 기도나 다른 의식 혹은 봉헌으로 풀어날 수 있다는 곳이다. 이런 미신 밑에 깔려 있는 사실은 혼이 아직 충족되지 않은 엄청난 힘에 의해서 카마 로카에 잡혀 있을 수 있고, 혼 자신이나 지상에 있는 어떤 누군가에 의해서 그 욕망이 충족될 때까지 아스트랄과 카마 외피를 제거할 수 없다는 것이다. 그러나 만약 그 사람이 순수하고 높은 지성을 가진 사람이라면, 그 세계에서 원리들의 분리가 곧바로 이루어져서 상위 삼중체가 데바찬으로 들어가게 된다. 순전히 아스트랄 영역에 있으면 본질적으로 지상에 속하고 사악한 아스트랄 물질의 성질을 띠며, 그 속에 있는 모든 힘들은 혼이나 양심의 안내 없이 작용하게 된다. 그것은 일종의 생명의 거대한 용광로의 찌꺼기 처리소로 데바찬에서 있지 못하는 원소들을 벗어버리기 위해서 제공된 곳이다. 그리고 그런 이유 때문에, 고대인들이 주목했듯이, 거기에는 많은 차이들이 있을 것이다. 이런 정도의 차이들은 형이상학적인 의미에서 장소 혹은 로카(loka)라는 산스크리트어로 알려져 있다. 인간의 삶은 그 성격이나 다른 잠재성에서 다양하고, 이런 것들 각각에 적합한 장소가 사후에 제공되어서 카마 로카가 무한하게 다양한 영역이 된다. 삶에서 사람 사이의 이런 차이점들은 육체나 유전에 의해서 수정되거나 제한되지만, 카마 로카에서는 육체가 없기 때문에 모든 욕망들과 격정들이 풀어져서 그 상태는 지상에서 보다 엄청나게 다양하다. 자연스러운 다양성들과 차이점들을 위해서 필요할 뿐만 아니라 죽음의 방식에 의해서 생긴 것들을 위해서도 필요하다. 그리고 이런 모든 다양한 구분들은 지상에서 죽은 사람들이 살아 있는 동안 한 생각들과 마지막 생각들의 자연스러운 결과에 불과하다. 이런 모든 정도들에 대하여 설명하는 것은 엄청난 양의 책들이 필요하기에 이 책의 범위를 넘어서는 것이고, 그것을 이해하는 사람도 거의 없을 것이다.

카마 로카를 다루는 것은 인간의 구성 요소의 네 번째 원리를 다루는 것이고, 욕망과 격정의 주제에 대한 근대 사상 및 교육과 충돌을 일으키게 된다. 일반적으로 욕망과 격정은 개개인 속에 내재하는 성향이고, 그것들은 보통 사람에게는 비실재적이며 흐릿한 모습을 가지고 있다고 생각된다. 그러나 이 철학에서는 그것들은 개인 속에 단순히 내재하는 것이 아니라 육체 그 자체 때문도 아니라고 한다. 인간이 살아 있는 동안 욕망들과 격정들--카마 원리--은 아스트랄 인간이자 내면의 인간과 분리된 삶을 살지 못하고, 말하자면 그것들은 그의 존재 전체에 걸쳐서 널리 퍼져있다. 그러나 사후에 그것들이 아스트랄체와 합쳐져서 혼이 없는 나름대로의 생명을 가진 하나의 실체를 형성하기 때문에, 매우 중요한 의문들이 일어난다. 살아 있는 동안 욕망과 격정은 마인드와 혼에 의해서 안내되었다. 사후에 그것들은 이전 주인으로부터 안내 없이 작용한다. 우리가 사는 동안 우리는 그것들과 그것들의 영향에 책임이 있으며, 우리가 이 삶을 떠났을 때도 어떤 직접적인 안내 없이 앞에서 설명한 실체로서 지속하는 동안 그것들이 계속해서 작용하고 다른 사람들에게 계속 영향을 주더라도, 우리는 그것에 대하여 여전히 책임이 있다. 바로 여기에서 책임의 연속성을 보게 된다. 그것들은 인간을 구성하는 총체들인 동양 철학에서 잘 알려진 *스칸다*의 일부분이다. 육체는 어떤 한 부류의 스칸다를 포함하고 있고, 아스트랄 인간은 다른 스칸다를 가지고 있는 데, 카마 원리가 또 다른 세트이고, 여전히 다른 것들은 다른 부분과 관련이 있다. 카마 속에는 재탄생을 통제하고 매번 재 탄생 때마다 삶과 환경의 다양성을 만드는 활동적이고 중요한 것들이 있다. 그것들은 모든 생각이 자연의 엘리멘탈 힘들 중의 어느 하나와 즉각적으로 합쳐지는 법칙에 따라서 매일매일 만들어지고 있고, 그것이 두뇌를 떠나면 그 생각의 강도에 따라서 어느 정도 지속되는 어떤 실체가 되며, 이 모든 것들은 그것들을 진화시킨 존재와 분리될 수 없도록 연결되어 있다. 우리가 피해갈 수 있는 방법이 없다. 우리가 할 수 있는 전부는 선한 특질의 생각을 갖는 것이 전부다. 대스승들 중의 가장 높은 분들도 이런 법칙에서 제외되어 있지 않고, 그분들은 선(good)을 위한 강력한 실체들로 "공간 속에 있는 흐름을 가득 채운다."

이제 카마 로카에는 이런 욕망과 생각의 덩어리가 분해될 때까지 분명하게 존재하고 있으며, 나머지는 그것들을 가지고 있으며 진화시킨 존재들과 연결된 이런 스칸다들의 본질로 구성되어 있다. 우리가 우주를 가릴 수 없듯이, 그것들을 없을 수가 없다. 그래서 그것들은 존재가 데바찬에서 나올 때까지 그대로 있다가, 인력의 법칙에 의해서 즉시 그 존재에게로 끌려가서, 그것을 바탕으로 새로운 삶을 위한 새로운 세트의 스칸다를 만들게 된다. 그러므로 카마 로카는 통제되지 않고 안내되지 않은 욕망과 격정의 덩어리의 존재라는 이유로 지상계와 구분된다; 그러나 지상에서의 삶은 또한 동시에 하나의 카마 로카이다. 왜냐하면 지상의 삶은 대체적으로 카마 원리에 의해서 지배되고, 진화 과정의 먼 미래에 인류가 다섯 번째 원리, 여섯 번째 원리를 계발시켜서 카마를 자신의 영역으로 보내고 지상에서의 삶을 그 영향으로부터 자유롭게 만들 때까지 계속 그렇게 될 것이기 때문이다.

카마 로카에 있는 아스트랄 인간은 양심이 없고, 혼이나 마인드가 없는 단순한 껍질에 불과하며, 외부의 힘에 의해서 활성화되지 않는다면 활동할 수 없는 껍질이다. 그것은 인간 자아와 관련 있기 때문에 동물 의식 혹은 자동적인 의식이 있는 것처럼 보이는 것을 가지고 있다.

왜냐하면 다른 장에서 설명한 원리에서, 인간을 구성하는데 들어가는 모든 원자는 그 원자에게 주워진 힘에 비례해서 일정 기간 동안 지속할 수 있는 나름대로의 기억을 가지고 있기 때문이다. 매우 물질적이고 이기적인 사람의 경우, 그 힘이 다른 사람들보다 오래 지속되고, 그래서 그런 경우에 자동적인 의식이 더 분명해서 아무런 지식 없이 강신술에 손을 대는 사람을 혼란스럽게 만든다. 그것의 아스트랄 부분이 그 사람이 살아 있을 때 지나갔던 모든 기록을 간직하고 있어서 그것을 가지고 다닌다. 왜냐하면 아스트랄 질료의 특질들 중에 하나는 모든 장면들과 그림들 그리고 모든 생각들의 인상을 흡수하는 것이며, 그것들을 간직하고 조건이 허락될 때 그것들을 반사로 내보내는 것이기 때문이다. 죽음으로 모든 인간이 벗어버리는 이 아스트랄 껍질은 다음에 말할 한 가지 경우를 제외하고 모든 경우는 아니지만 안내자들 역할을 하는 모든 상위 원리들이 없는 경우라면 그것은 모든 인간들에게 하나의 위협이 될 것이다. 안내하는 구성요소들이 껍질에서 분리되었기 때문에, 그 껍질은 자기 자신의 의식 없이 이곳 저곳으로 떠다니며 아스트랄 영역과 자기장 영역 속에 있는 인력에 전적으로 지배된다.

죽음 바로 직후에 짧은 순간 동안 진정한 인간--어떤 사람들은 "영"이라고 부른다--이 우리와 의사소통이 가능하다고 말한다. 하지만 죽은 사람들은 그 혼이 환생할 때까지 더 이상 지구와는 아무런 관계가 없다. 이 영역에서 영매나 민감한 사람에게 영향을 줄 수 있고 영향을 주는 것이 바로 앞에서 설명한 껍질들이다. 어떤 경우라도 이것들은 혼과 양심이 없기 때문에 죽은 사람의 영이 결코 아니다. 그것들은 내면의 인간이 벗어 버린 옷으로, 데바찬으로 날아가면서 벗어버린 무자비한 지상의 일부분이고, 그래서 고대인들은 그것을 항상 악마들-- 우리 개개인의 악마들--로 여겼다. 왜냐하면 그것들은 본질적으로 아스트랄적이고 속세에 속하며 격정적이기 때문이다. 이 껍질이 지상에서 오랫동안 진정한 인간의 매개체가 된 이후에, 이 껍질이 자동적인 기억과 의식을 가지고 있지 않다면, 그것이 진실로 이상한 것이다. 우리는 잘려진 개구리나 닭의 다리가 잠시 동안 움직이고 지성을 가진 것처럼 행동하는 것을 본다. 그렇다면 겉으로 보기에 훨씬 더 많은 양의 지성적인 방향을 가진 더 섬세하고 미세한 아스트랄 형태에게 왜 이런 것이 가능하지 않겠는가?

엘리멘탈 혹은 자연의 힘들이 태양계와 지구의 모든 부분에 존재하듯이 카마 로카 영역 속에도 존재하고 있다. 그것들은 셀 수 없이 많고, 어떤 의미에서 그것들은 자연의 신경이기 때문에, 그 구분은 거의 무한하게 다양하다. 각각의 부류는 모든 자연의 요소 혹은 사물이 그렇듯이 나름대로의 일을 가지고 있다. 일반적인 법칙 하에서 불이 타고 물이 위가 아닌 아래로 흐르듯이, 마찬가지로 엘리멘탈들도 법칙에 따라서 움직인다. 그러나 불이나 물보다 더 상위이기에 그것들의 움직임은 마인드에 의해서 안내되는 것처럼 보인다. 어떤 것들은 육체와 연결되어 있건 그렇지 않건 멘탈 작용 및 아스트랄 기관들의 활동과 특별한 관계를 가지고 있다. 영매가 그 통로를 형성하고 다른 자연적인 조정으로 이런 엘리멘탈들이 영매와 주위에 있는 사람들의 신경액의 도움을 받아서 죽은 사람의 껍질과 인위적인 연결고리를 이루게 될 때, 그때 그 껍질이 활성화되어 인위적인 생명을 갖게 된다. 영매를 통해서 강령회에 참여한 모든 사람의 심령적 육체적 힘과 연결고리가 이루어지게 된다. 아스트랄체에 있는 오래된 인상이 영매의 마인드에게 그런 이미지들을 제공하고, 오래된 격정에 불을 붙이게 된다. 다양한 메시지들과 보고들을 거기에서 얻게 되지만, 그것들 중에 어느 것 하나도 영으로부터 온 것이 아니다.

그것이 이상하다는 것과 그것에 잠시 관련된 사람들의 무지 때문에, 이것이 영의 일이라고 잘못 오해한다. 그러나 과거부터 있어 왔던 이미지들을 아스트랄 빛으로부터 단순히 뽑는 것이 아니라면 그것은 살아 있는 모든 사람들로부터 오는 것이다. 주목해야 할 경우들은 모든 영매가 영향을 받기 쉬운 그리고 그들 중에 많은 사람들이 그것에 굴복하고 나중에 그들이 인정한 전적으로 강렬하게 나쁜 어떤 지성이 작용하고 있다는 것이다.

영매들에게 방문하는 이런 껍질들을 개략적으로 분류하면 다음과 같다:

1) 매장 장소가 멀리 떨어져 있지 않은 최근에 죽은 사람들의 껍질들. 이 부류는 이전 소유자의 삶과 생각에 따라서 상당한 일관성을 가지고 있을 것이다. 비물질적이고 선하며 영적인 사람은 곧 분해될 껍질을 남긴다. 조잡하고 비열하며 이기적이고 물질적인 사람의 껍질은 무겁고 한결같이 오랫동안 산다. 이렇게 많은 다양성이 있다.

2) 영매가 있는 곳에서 멀리 떨어진 곳에서 죽은 사람들의 껍질. 시간이 흘러서 그들의 오래된 육체의 근처로부터

피할 수 있게 되었고, 동시에 물질계에서의 부패에 상응하는 아스트랄계에서의 상당한 정도의 해체가 이루어진다. 이것들은 희미하고 어둑어둑하며 일관성이 없다; 그리고 이것들은 심령적인 자극에 짧게 반응하고, 어떤 자성적인 흐름에 흔들린다. 그것들은 영매 그리고 죽은 사람과 관련 있는 사람들의 아스트랄 흐름에 의해서 잠시 동안 활성화된다.

3) 거의 어떤 장소가 없는 순전히 그림자 같은 잔여물들. 그것들이 이 영역에 있는 것이 사실이지만 그것들을 설명할 적합한 표현이 없다. 그것들은 오래 전에 해체된 한 때 일관성을 가진 껍질에 의해서 아스트랄 질료 속에 남겨진 단순한 거푸집이라고 말할 수 있다. 그러므로 그것들은 그런 명칭을 받기에는 너무 허구에 가깝다. 그런 그림자 같은 사진들처럼 그것들은 확장되고 장식되며 강령회에 있는 영매와 참석자들의 생각들과 욕망들 그리고 희망들과 상상들에 의해서 가상의 생명을 받는다.

4) 개성의 절멸이 그 끝인, 모든 것의 최악의 상태인 아비치로 향하는, 영적인 연결고리가 단절된 인간 혼들로 분명하고 일관성이 있는 실체들. 그들은

흑마법사들로 알려져 있다. 의식을 카마 원리 속에 집중하고, 지성을 간직하면서, 영으로부터 분리되었기 때문에, 그들만이 우리가 아는 저주받은 존재들이다. 삶에서 그들은 인간의 육체들을 가졌고 끈질기게 악한 삶으로 끔찍한 상태에 도달했다; 그들 중에 어떤 존재들은 이미 설명한 것이 될 운명으로 오늘날 지구상에 우리들 사이에 있다. 이것들은 보통의 껍질이 아니다. 왜냐하면 그들은 선한 생각 혹은 열망의 모든 불꽃을 떨쳐 버린 후에 그 모든 힘을 카마에 집중했으며 아스트랄 영역에 대하여 완전하게 숙달하였기 때문이다. 그것들을 껍질로 분류한 이유는 다른 것들이 기계적으로 똑같은 목적지로 가듯이 그것들도 의식적으로 분해되기 마련이라는 의미에서 그렇기 때문이다. 그것들이 들어가는 틈 역할을 하는 나쁜 생각을 가진 민감한 사람을 잡아서 욕망을 충족시키면서, 그것들은 많은 세기 동안 지속될 수도 있고 지속되기도 한다. 그것들은 영매를 통제하고 계속 현혹시키기 위해서 고귀한 이름들을 갖고 방향을 취하면서, 거의 모든 강령회를 주도한다. 이렇게 해서 그들 자신의 사악한 목적들을 위한 편리한 통로를 가질 수 있게 된다. 자살한 사람들, 법 집행으로 죽은 가련한 사람들, 술주정뱅이나 대식가들의 껍질들과 함께, 아스트랄계에 살고 있는 이 흑마술사들은 물질계의 영매를 잡아서 영매가 아무리 선하더라도 영매의 영역을 침입하기 쉽다. 그 문이 한번 열리게 되면 그것은 모든 것에 개방되는 것이다. 이런 부류의 껍질은 상위 마나스를 잃어버렸다. 그러나 사후뿐만 아니라 삶 속에서도 투쟁 속에서 신과 같은 탁월한 위상까지 올려졌어야 했던 마나스의 하위 부분이 그 주인으로부터 떨어졌고, 이제는 그것이 이 실체에게 영은 없지만 마지막 날이 올 때 고통받는 힘이 되는 지성을 제공해주게 된다.

자살한 사람들과 사고나 법적 혹은 불법의 살해에 의해서 갑자기 생명에서 빠져나온 사람들은 갑작스러운 종료가 아니었다면 살아갈 삶과 거의 동일한 기간을 카마 로카 상태 속에서 지속한다. 이것은 실제로 죽은 것이 아니다. 정상적인 죽음을 가져오기 위해서는 의학이 인정하지 않은 어떤 요인이 있음에 틀림없다. 즉, 다른 장에서 설명된 존재의 원리들은 나름대로의 결합 기간을 가지고 있고, 자연스럽게 끝나는 때에 그것들은 나름대로의 법칙 하에서 서로 분리된다. 이것은 인간이라는 주제의 응집력이라는 거대한 주제가 관련된다. 그 자체만으로 그것에 대하여 한 권의 책이 필요하다. 그러므로 이 응집력의 법칙이 인간

원리들 사이에 존재한다는 주장으로 만족해야 한다. 그 자연스러운 끝이 일어나기 전에 그 원리들은 분리될 수 없다. 분명히 응집력의 정상적인 파괴는 육체와 관련된 것을 제외하고 기계적인 과정들에 의해서 일어날 수가 없다. 그러므로 자살한 사람이나 사고로 죽은 사람 혹은 법에 의해서 혹은 다른 사람에 의해서 죽은 사람은 다른 구성 요소들 사이에서 응집력의 자연스러운 끝이 아직 일어난 것이 아니고, 부분적으로 죽은 채 카마 로카 상태 속으로 던져진다. 실제 자연스러운 기간이 다할 때까지, 그것이 한 달이건 혹은 60 년 이건, 남아 있는 원리들은 거기서 기다려야 한다.

그러나 카마 로카의 정도는 마지막에 언급한 껍질들의 많은 다양성을 제공해준다. 도덕적인 책임에 따라서, 어떤 것은 엄청 큰 고통의 기간을 지나고, 다른 것은 일종의 수면 같은 꿈꾸는 상태를 지나간다. 그러나 일반적으로 사형당한 범죄자들은 그들이 인정하지 않는 처벌에 분개하면서 증오와 앙갚음으로 가득 찬 삶에서 뽑아지는 것이다. 그들은 카마 로카에서 그들의 범죄와 재판 그리고 사형과 보복을 계속 리허설하고 있다. 그리고 그들이 살아 있는 민감한 사람이나 영매와 접촉할 수 있을 때는 언제나, 그들은 그 불운한 사람의 두뇌 속으로 살인이나 다른 범죄의 생각들을 주입하려고 시도한다. 그리고 신지학을 깊게 공부한 학생들은 그런 시도가 성공하는 것을 잘 알고 있다.

이제 우리는 데바찬에 다가섰다. 카마 로카에서 일정 기간을 보낸 후에 그 존재는 다음 상태로 변하기 전에 일어나는 무의식 상태 속으로 떨어진다. 그것은 마치 어둠과 무거운 잠으로 서막을 알리는, 삶 속으로 태어나는 것과 같다. 그리고 나서 그것은 데바찬의 기쁨에 깨어난다.

13 장 데바찬

인간의 삶 경계선 바로 너머에 인간의 좋은 부분과 하위의 동물적인 요소가 나누어지는 분리 장소가 있다는 것을 보여주었으며, 한 생에서 다른 생으로 여행하는 불멸자인 진정한 존재의 사후 상태가 무엇인지 숙고하게 되었다. 육체에서 힘겹게 나와서 전체 인간이 연옥인 카마 로카로 들어가며, 거기서 그는 다시 하위 스칸다로부터 자신을 자유롭게 하려고 분투한다; 이 탄생의 기간이 끝나면, 상위 원리들인 아트마-붓디-마나스가 육체와 두뇌가 삶 속에서 허락한 것과 다른 방식으로 생각하기 시작한다.

이것이 데바찬 상태이고, 글자 그대로 "신들의 장소"를 의미하는 산스크리트어로 그곳에서 혼은 더할 나위 없는 행복을 즐긴다; 그러나 신들은 우리처럼 육체를 가지고 있지 않기에, 데바찬 속에 있는 대아(Self)는 유한한 육체가 없다. 고대의 문헌들 속에서 이 상태가 "무한한 수의 해 동안" 혹은 "그 존재가 받을 만큼에 비례하는 기간 동안" 지속된다고 말한다; 그리고 그 상태에 독특한 멘탈 힘이 다 소진되었을 때, "그 존재는 유한한 세계로 다시 태어나기 위해서 아래로 끌어당겨진다." 그러므로 데바찬은 세계 속에 있는 탄생들 사이의 막간이다. 우리 모두가 이 세계로 들어오도록 만드는 카르마의 법칙은 그 작용에서 그침이 없으며 범위가 보편적이기에 데바찬에 있는 존재에게도 작용한다. 왜냐하면 카르마의 힘 혹은 작용에 의해서만 우리가 데바찬에서 나오게 되기 때문이다. 그것은 공기 압력과 같아서 지속적이고 한결같으며, 만약 그 압력을 중화시키고 상쇄하는 양의 공기가 없다면 밀어버리거나 으스러뜨리게 될 것이다. 현재의 경우 존재의 카르마는 존재가 한 상태에서 다른 상태로 나아가게 혹은 나오게 압박하는 공기이다; 상쇄시키는 공기의 양은 그 존재가 데바찬으로부터 나오는 것을 막는 그 자신의 삶의 생각들과 열망들의 힘이고, 그 힘이 다 소진되어서 우리 스스로 만든 운명의 칙령을 더 이상 잡아둘 힘이 없게 될 때까지 그는 데바찬에서 나오지 않는다.

사후에 이런 상태가 필요한 것은 마인드와 혼의 성질에서 나오는 진화의 필요성들 중 하나 때문이다. 마나스의 바로 그 성질은 육체를 잃어버리자마자 데바찬 상태를 필요로 하고, 그것은 단순히 육체적 아스트랄적 덮개가 마인드에게 놓은 구속을 푼 결과이다. 삶 속에서 우리는 매 순간 우리가 가진 생각들을 아주 조금만 행동으로 나타낼 수 있다; 여기다가 우리는 매일 매일의 열망들과 꿈들이 만들어낸 심령 에너지를 더 적게 소비할 수 있다. 이렇게 만들어진 에너지는 사라지거나 잃어버리는 것이 아니라 마나스에 저장되지만, 육체, 두뇌 그리고 아스트랄체는 그 힘이 충분하게 계발되는 것을 허락하지 않는다. 그래서 죽을 때까지 잠재적으로 간직되다가, 약해진 구속으로부터 터져 나와서 사는 동안 쌓은 생각의 힘을 확장하고 사용하며 계발시키는 곳으로 사고자(thinker)인 마나스를 내던지게 된다. 이렇게 필요한 상태를 피한다는 것이 불가능한 이유는 사람들이 자기 자신의 힘들과 능력들에 대하여 무지하기 때문이다. 이런 무지에서 현혹이 일어나고, 마나스는 완전히 자유롭지 않기 때문에 자기 자신의 힘에 의해서 데바찬 생각 속으로 끌려 들어간다. 그러나 무지 때문에 이런 상태 속으로 들어가지만, 전체 과정은 교정하고 휴식하는 유익한 과정이다. 왜냐하면 만약 보통 사람이 같은 문명 속에 있는 또 다른 육체로 즉시 돌아온다면, 그 혼은 완전히 녹초가 되어 자신의 성질의 상위 부분을 계발시킬 수 있는 필요한 기회를 놓치게 된다.

육체와 카마가 없는 자아(Ego)는 이제 데바찬에서 체라고 부를 수는 없지만 수단 혹은 도구로 볼 수 있는 외피를 입게 된다. 그리고 그 속에서 마인드와 혼의 세계에 있는 데바찬 상태 속에서 활동한다. 그러면 이 세계가 우리한테 실재인 것처럼 보이듯이 거기에서도 모든 것이 다 실재적이다. 이제 그것은 물질계 삶의 방해물들로 더 이상 구속받지 않고 자신만의 세계를 만들 수 있는 기회를 갖게 된 것이다. 그 상태는 시인이나 예술가가 말한 시를 쓰거나 색깔을 배치하는 황홀한 상태로, 그 상태에 몰입한 채 시간이나 세계의 사물들에 대하여 알지도 못하고 관심도 없게 된다.

매 순간 우리는 원인들을 만들고 있으며, 그 원인들이 결과로 현현하기 위한 두 가지 영역들만 존재한다. 이것들은 보통 부르듯이 객관적인 것이고, 여기와 이 세계를 떠난 후가 주관적인 것이다. 객관적인 영역은 지구에서의 삶과 관련 있고, 인간의 조잡한 부분은 육체의 행위들과 두뇌 생각들 그리고 또한 아스트랄체와 관련 있다. 주관적인 것은 상위 영적인 부분들과 관련이 있다. 객관적 영역에서 심령적인 충동들이 작용할 수 없고, 혼의 고귀한 배움과 열망들도 그렇다. 그래서 이것이 데바찬 상태의 바탕, 원인, 기층 그리고 지지대가 되는 것임에 틀림없다. 그러면 우리가 말하는 연도로 측정하면 데바찬 속에 머무르는 기간은 얼마나 될까?

지구에 살고 있는 사람들이 시간이라고 부르는 것을 다루는 반면, 이 질문은 시간 자체의 진정한 의미, 즉, 이 태양계에서 순간들, 궁극적인 순서, 우선함, 연속, 그리고 길이를 다루지는 않을 것이다. 이것은 우리가 갖고 있는 시간과 관련해서 대답할 수 있는 질문이고, 우리와 시간이 같지 않은 수성 같은 행성에서의 시간이나 혼이 생각하는 시간과 관련해서는 확실히 대답할 수가 없다. 혼과 관련해서 많은 해가 지난 후에, 방금 지나간 시간에 대하여 직접적인 지각이 없고 그 시간이 지나갔다는 것을 뚜렷하게 보여주는 어떤 사건들을 골라낼 수 있다는 것을 볼 수 있고, 행복한 순간이나 가슴 아픈 시간들과 관련해서 그것들이 마치 어제 있었던 것처럼 느끼는 것 같다. 그리고 데바찬에 있는 존재도 이렇다. 거기에서는 어떤 시간도 없다. 혼은 그 상태 속에서 자신 속에서 계속된 모든 혜택을 받지만, 순간의 경과와 관련하여 어떤 추측에도 몰두하지 않는다. 모든 것은 사건들로 이루어져 있고, 반면에 태양 천사는 지구에 있을 때에는 항상 해가 지나가는 것을 구분한다. 삶 속에서 잘 알려져 있듯이, 사건들, 그림들, 생각들, 논쟁, 내성적인 느낌이 어떻게 순식간에 완벽히 자세하게 우리를 압도하는지 기억한다면 혹은 익사를 경험한 사람들에게도 잘 알려져 있듯이, 전체 삶의 사건들이 어떻게 마인드 눈 앞으로 순식간에 지나가는지 기억한다면, 이것이 불가능하다고 여길 리가 없다. 그러나 자아는 말한 대로 살아 있는 동안 만들어낸 심령 충동에 비례한 시간만큼 데바찬 속에 계속 있게 된다. 지금 이것은 혼의 수학을 다루는 문제이기 때문에, 금세기 보통 사람의 경우 어느 정도 시간이 걸릴지 대스승을 제외하고 그 누구도 말할 수가 없다. 그러므로 우리는 그 보통 사람에 대하여 지혜의 대스승에 의존해야 한다. A.P. 씨네트 씨가 잘 표현한 [에소테릭 붓디즘]에서, 그 기간은 일반적으로 1500 년이라고 그분들이 말했다. 대스승들로부터 받은 편지로 구성된 그의 책을 읽어보면, 데바찬 기간이 15 세기라는 것을 이해하길 바란다고 추정하고 있다. 그러나 그 오해를 없애기 위해서 그의 책을 집필하는 데 도움을 준 사람이 그 기간은 보통의 기간이지 고정된 기간이 아니라고 썼다. 그것이 사실임에 틀림없다. 왜냐하면 사람들의 생각의 강렬함이 다양하기 때문에 인생에서 마인드 상태 속에 있는 기간이 사람마다 다르고, 생각을 가졌던 존재이기 때문에 생각이 더 거대한 힘이 되는 데바찬에서도 그렇다는 것이 틀림없다.

이것에 대하여 대스승께서 말씀하신 것은 다음과 같다: "데바찬의 꿈"은 카르마가 그 방향으로 충족될 때까지 지속된다. 데바찬에서 "점진적인 힘의 소모"가 있다.

"데바찬에 머무는 것은 지상 생활에서 시작된 끝나지 않은 사이킥 충동에 비례한다: 압도적으로 물질로 끌리는 사람들은 탄하의 힘에 의해서 재탄생으로 이내 끌리게 된다." 탄하는 삶을 향한 갈증이다. 그러므로 삶에서 많은 사이킥 충동들을 일으키지 않은 사람은 상위 원리를 데바찬 속에 계속 있게 할 수 있는 힘 혹은 바탕을 그의 본질적인 성질 속에 가지고 있지 않다. 그가 갖게 될 모든 것은 그가 물질적인 사고에 생각을 고정하기 시작하기 전인 어릴 적에 시작한 것이 전부가 될 것이다. 탄하라는 말로 표현된 삶을 향한 갈증은 만물 속에 있는 스칸다 속에 박혀있는 당기는 힘 혹은 자성적인 힘이다. 전체 결과가 힘들을 조화롭게 하는 것이고 작용과 반작용의 결과이기 때문에 이와 같은 경우에 보통의 규칙이 적용되지 않는다. 그리고 이런 유형의 물질적인 사고자는 지상에의 삶 속에서 시작한 소진되지 않은 사이킥 힘을 감안하면 지상에서의 한 달 안에 데바찬에서 나와서 다른 육체 속으로 들어갈 수도 있다. 그러나 그런 사람들 모두가 생각과 사이킥 충동의 강렬함과 양, 등급에 따라서 다르기 때문에, 개개인이 데바찬에 머무는 기간이 다양하다. 필사적으로 물질적인 생각을 하는 사람도 매우 애매한 형태를 제외하고는 그 상태에 적합한 어떤 힘을 그들 속에 가지고 있지 않기 때문에 데바찬 속에서 말하자면 잠든 채 혹은 몽롱한 채로 있을 것이고, 그들에게는 마인드와 관련해서 사후 상태가 없다고 말할 수 있다; 그들은 잠시 동안 무기력하고, 그리고 나서 다시 지상에서 살게 된다. 이렇게 데바찬에서 일반적으로 머무는 기간은 인간의 주기에 대한 매우 중요한 기간, 환생의 주기를 제시해준다. 왜냐하면 그 법칙 하에서 국가의 발전도 반복되는 것으로 알고 있으며, 과거의 시간이 다시 올 것이기 때문이다.

마지막으로 강력하게 깊이 각인된 일련의 생각들이 데바찬에서의 전체 삶의 경향과 색깔을 주는 것들이다. 마지막 순간이 그 다음 순간을 채색할 것이다. 혼과 마인드가 그것들에 고정할 것이고 그것들에서 전체 사건들과 경험들을 최고 한계까지 엮으면서 삶에서 가능하지 않았던 모든 것을 실행할 것이다. 이렇게 그런 생각들을 짜고 확장하면서 그 실체는 젊은 시절과 성장 그리고 노년, 즉 힘의 솟구침, 확장 그리고 마지막 소모까지 경험할 것이다. 만약 그 사람이 무색의 삶을 살았다면 데바찬도 무색이 될 것이다; 풍부한 삶을 살았다면 다양성과 결과에서도 그럴 것이다. 그곳에서의 존재는 관습적인 의미를 제외하고는 그냥 꿈이 아니다. 왜냐하면 그것은 인간의 삶의 한 단계이고 우리가 거기에 있을 때 현재의 삶이 하나의 꿈이기 때문이다. 어떤 의미에서 보아도 그것은 단조로운 것이 아니다. 우리는 현재 지상에서의 경험으로 생명의 모든 상태들과 경험의 장들을 측정하려는 경향을 가지고 있고 그것이 실재라고 상상하려고 한다. 그러나 혼의 삶은 끝이 없고 단 한 순간도 멈추지 않는다. 우리가 육체의 삶을 떠나는 것은 다른 장소 혹은 다른 계에서의 살기 위한 과도기에 불과하다. 그러나 데바찬의 정묘한 의상은 여기서 우리가 입고 있는 것들보다 더 오랫동안 지속되고, 사이킥 원인들은 우리가 지구에서 사용하는 것보다 그 상태 속에서 확장하고 사용하는 데 더 많은 시간을 사용한다. 만약 육체를 구성하는 원자들이 물질계를 지배하는 일반적인 화학 법칙들에 영향을 받지 않는다면, 그러면 우리가 데바찬 상태 속에서 살듯이 그 신체들 속에서 오랫동안 살게 될 것이다. 그러나 그런 끝없는 스트레스와 고통의 삶이 그것을 경험해야 하는 혼을 무너뜨리기에 충분하다. 그러면 기쁨은 고통이 되고, 과함이 불멸의 정신이상 속에서 끝나게 될 것이다. 대자연은 항상 친절하고 우리의 성질 속에 있는 최고와 최상을 활짝 피우게 하기 위해서 우리를 다시 휴식을 위한 천국으로 이끌 것이다.

그러면 데바찬은 무의미하지도 않고 쓸모가 없는 것도 아니다. "그 속에서 우리는 휴식을 취한다; 지상의 차가운 하늘 아래에서 피어날 수 없었던 우리 일부분이 꽃으로 활짝 피어나서 이전 보다 더 우리의 일부분으로 한층 더 강력하게 또 다른 삶으로 우리와 함께 간다; . . . 왜 자연이 끝없이 계속되는 투쟁 속에서 우리를 친절하게 돕지 않는다고 투덜거리는가; 왜 이렇게 마인드가 이 사소한 개성과 그것의 신한, 악한 행운 주위를 계속 맴돌도록 하는가?"[5]

그러나 뒤에 남겨놓은 사람들은 어떻게 하냐고 가끔 묻는다: 거기서 우리가 그들을 보는가? 사실 우리는 거기서 그들을 보지 못하지만, 그들의 이미지를 살고 있을 때처럼 충분히 완전하게 객관적으로 그리며, 살았을 때 우리가 흠으로 생각했던 모든 것 없이 완전하게 그린다. 우리는 그들과 함께 살고 그들이 나쁘고 비열하게 성장하는 것이 아니라 위대하고 선하게 성장하는 것을 보게 된다. 술주정뱅이 아들을 남겨 놓고 온 엄마는 데바찬에 있는 자신 앞에 온전하고 선한 아들이 있는 것을 보게 되고, 마찬가지로 가능한 모든 경우들을 통해서 부모,

---

5 대스승 K.H. 로부터의 편지. 도(Path), 5권, 192 페이지 참조.

아이, 부부가 사랑한 사람들을 거기서 완전하게 충분히 보게 된다. 이것은 혼을 유익하게 만들기 위함이다. 아마도 어떤 사람은 그것을 망상이라고 부를지도 모르지만, 그 환상은 여기서 살아 있을 때처럼 종종 필요하듯이 행복에 필요한 것이다. 그리고 그런 환영을 만드는 것이 마인드이기 때문에, 그것은 속이는 것이 아니다. 두뇌나 기억이 근대 전통주의에 영향을 받았을 경우, 잘못하는 친구들과 친척들이 영원한 고문으로 고통받는다는 지옥의 변두리 위에 세워진 천국의 사상은 확실히 데바찬의 가르침과 비교가 안될 것이다. 그러나 데바찬에 있는 실체들이 지상에 남겨 놓은 사람들을 도와줄 수 있는 힘이 전적으로 없는 것이 아니다. 생명의 주인인 사랑은 그것이 실재적이고 순수하며 매우 깊다면 종종 데바찬에 있는 행복한 자아가 지상에 남겨 놓은 사람들에게 도덕적인 영역분만 아니라 물질적인 환경에서도 그들에게 영향을 주게 만들기도 한다. 이것은 여기서 설명할 수 없는 오컬트 우주의 법칙 하에서 가능하다. 그러나 그것이 사실이라고 말할 수 있다. 이전에 H.P. 블라바츠키 여사가 제시했었지만, 사람들이 그것에 많은 주의를 기울이지 않았다.

마지막으로 검토할 질문은 데바찬에 있는 사람들에게 도달할 수 있는지 혹은 그들이 여기로 와야 하는지이다. 우리가 초인들이 아니라면 우리는 그들에게 영향을 줄 수가 없고 그들에게 다다를 수도 없다. 사자의 영들과 의사소통을 갖는다는 영매들의 주장은 아무런 근거가 없고, 데바찬으로 들어간 사람들을 도와줄 수 있는 능력을 가지고 있다고 주장하는 것도 마찬가지이다. 모든 힘들을 계발하였고 환영으로부터 자유로운 디스승은 데바찬 상태로 들어가서 거기 있는 자아들과 소통할 수 있다. 그것이 그분들의 활동 중에 하나이고, 사후에 사도들의 유일한 학교이다. 그분들은 인류에게 유익하도록 지구로 돌아오게 만들기 위해서 데바찬 상태에서 자아가 나오게 만들 목적으로 데바찬 속에 있는 어떤 실체를 다룬다. 이렇게 그들이 다루는 자아들은 그 성질이 위대하고 깊지만 아직은 데바찬의 자연적인 환영들을 극복하기에 충분히 현명하지 않은 자아들이다. 또한 종종 매우 민감하거나 순수한 영매가 이 상태로 들어가서 거기서 자아들과 소통을 갖기도 하지만, 그런 경우는 매우 드물고 확실히 돈을 목적으로 거래하는 보통 영매들에게는 일어나지 않는다. 그러나 혼은 여기에 있는 영매로 결코 내려오지 않는다. 그리고 데바찬의 의식과 지상의 의식 사이의 격차가 너무 깊고 광대해서 영매가 돌아왔을 때 데바찬에서 누구를 만났는지 무엇을 보고 들었는지 거의 기억할 수 없다. 이 격차가 데바찬과 재탄생을 분리시키는 것과 유사하다; 그것은 그 이전에 있던 모든 기억을 지우는 것이다.

혼의 힘이 배정한 전체 기간이 데바찬에서 끝나게 되면, 지구와 묶어두는 자성적인 줄이 그 힘을 발휘하기 시작한다. 자아가 꿈에서 깨어나고, 새로운 신체로 빠르게 태어나고, 태어나기 바로 전에, 순간적으로 자아를 데바찬과 새로운 생으로 다시 이끈 모든 원인들을 보게 되며, 모두 자신의 과거 삶의 결과로 그것이 정당하다고 알면서, 불평하지 않고 다시 십자가를 지게 된다. 그리고 이내 또 다른 혼이 지상으로 돌아오게 된다.

14 장 주기

주기(Cycle)의 가르침은 가장 덜 알려져 있고 자주 언급되지 않았지만, 전체 신지학 체계에서 가장 중요한 가르침 중에 하나이다. 서구의 탐구자들은 수 세기 동안 사건들이 주기로 움직인다는 것을 의심했고, 유럽권에 있는 몇몇 작가들이 그 주제를 불완전하게 다루었다. 이런 불완전함과 지식의 부족은 영적인 깃을 불신하는 것과 모든 것을 물질주의적인 과학으로 해결하고자 하는 것 때문에 그런 것이다. 여기서는 주기에 법칙에 대하여 충분하게 제시하려는 것이 아니다. 왜냐하면 이것은 지혜의 대스승들께서 자세하기 주지 않은 것이기 때문이다. 그러나 충분하게 알려줄 것이고, 우리의 지식에 상당히 많은 것을 보탠 고대인들에게 오랫동안 충분히 알려져 왔다.

주기는 그 말의 어원이 나타내듯이 하나의 고리 혹은 회전이다. 산스크리트어에서 그것에 상응하는 말들은 유가, 칼파 그리고 만반타라이지만, 이것들 중에서 다른 것들보다 그 기간이 짧은 유가가 주기에 가장 가깝다. 어떤 주기의 시작은 하나의 순간이고, 거기에 다른 순간들이 합쳐져서 하루가 되고, 그 하루들이 합쳐져서 한 달이 되고, 연, 십 년, 세기가 된다. 이것 이상으로 서구는 거의 가지 못한다. 달의 주기와 별의 주기를 인정하지만, 단지 시간의 기간으로서만 본다. 만약 그것들을 단지 시간의 기간으로만 본다면 천문학자를 제외하고는 거의 무익하다. 그리고 오늘날 유럽과 미국의 사상가들도 이런 식으로 여겼다. 그들은 주기들이 존재하지만 인간의 삶이나 사건들의 실제적인 순환 혹은 한 때 지구에 살았던 사람들이 생명의 단계로 다시 출현하는 것과 관련이 없다고 말한다. 신지학 이론은 분명히 그렇지 않다. 앞 장에서 많은 관심을 두었던 윤회의 가르침에 따른다면 당연히 그래야만 한다. 주기들이 시간과 관련하여 실제 물리적인 사실들을 따라서 이름이 지어졌을 뿐만 아니라 다른 기간들도 인간의 삶과 생명의 모든 형태들이 있는 지구의 진화에 매우 상당한 영향을 준다. 순간으로 시작해서 하루 동안 지속하면서, 이 이론은 주기를 그 범위 속에 있는 모든 것을 포함하는 종합적인 하나의 고리로 세운다. 순간이 토대가 되지만 거대한 주기들과 관련해서 해결해야 할 의문은 그 첫 번째 순간이 언제 오는가? 이다. 이것을 답할 수는 없지만, 고대 신지학자들은 그 진리를 이렇게 간직했다고 말할 수 있다. 즉, 이 지구가 응고되는 그 첫 번째 순간에 물질 덩어리가 어떤 분명한 진동률을 얻었으며 그것이 해체되는 시간이 올 때까지 그것의 어느 부분에서 일어나는 모든 변형들 내내 유지되는 진동율을 얻었다고 보았다. 이 진동률이 서로 다른 주기들을 결정하는 것이고, 서구 과학의 사상과 대조적으로 이 가르침은 태양계와 우리가 있는 지구는 주기의 법칙 하에서 보이는 물질과 보이지 않는 물질의 전체 덩어리 뒤에 있는 힘이 그 지속 기간 한계에 도달할 때 끝날 것이라고 말한다. 여기서 우리의 가르침은 종교나 과학의 가르침과 완전히 다르다. 우리는 힘이 끝나는 것이 신의 보호를 거두어들이는 것이 아니고, 지구에 또 다른 힘을 갑작스럽게 추진하는 것도 아니며, 작용하는 있는 거대한 주기를 결정하는 그 힘이 영적인 존재로서 여겨지는 인간 자신의 힘이라고 인정한다; 그가 지구를 사용하는 것이 끝날 때 그는 떠나고, 그러면 그와 함께 모든 것을 유지하던 그 힘도 떠나가게 된다; 그 결과 불이나 물 혹은 기타 다른 것에 의한 해체가 있게 되고, 이런 현상들은 원인들이 아닌 결과들에 불과하다. 보통의 과학적인 추론은 지구가 태양 속으로 떨어진다거나 강렬한 혜성이 지구를 파괴한다거나 아니면 알려진 혹은 알려지지 않은 거대한 행성과 충돌한다는 것이다. 이런 꿈들은 현재는 아무런 쓸모가 없는 것이다.

윤회는 생명과 진보의 위대한 법칙이기 때문에, 그것은 주기 및 카르마의 법칙과 긴밀하게 관련되어 있다. 이 세 가지가 같이 작용하고, 실제로는 윤회를 주기의 법칙과 구분하는 것이 거의 불가능하다. 개인들과 국가들은 분명한 흐름 속에서 규칙적으로 회귀하는 기간 속에서 지구로 돌아오고, 그래서 예술, 문명, 그리고 한 때 그것을 작업한 바로 그 사람들이 지구로 다시 돌아온다. 그리고 국가와 인종 속에 있는 단위들은 보이지 않는 강력한 줄로 함께 연결되어 있기 때문에, 서서히 그러나 확실하게 움직이는 그런 단위들의 거대한 몸체들이 서로 다른 때에 합쳐지고, 주기가 정해진 기간을 돌면서 다시 나타나서 새로운 인종과 새로운 문명을 이루게 된다. 그러므로 최고의 고대 문명을 만든 혼들이 생각과 본질 속에서 오래된 문명을 다시 가져올 것이고, 인류의 발전을 위해서 다른 사람들이 그 성격과 지식 속에서 부가했기 때문에 그것은 새롭게 고차원의 문명을 만들게 될 것이다. 이 새롭게 나온 계발이 책이나 기록, 예술 혹은 기술 때문이 아닐 것이다. 왜냐하면 물질적인 증거와 관련해서 그 모든 것들은 주기적으로 파괴되기 때문이다. 하지만 혼은 한번 얻은 지식을 마나스 속에 언제나 간직하고 상위 원리들과 힘들을 더 완전하게 계발시키도록 항상 밀어붙이기 때문에, 진보의 본질이 그대로 있고 태양이 떠오르듯이 확실히 나오게 될 것이다. 그리고 때때로 인류를 형성하는 위대한 인물들인 아바타들의 작고 거대한 주기들이 인류의 혜택을 위해서 나오는 지점들이 이 길을 따라서 놓여 있다.

아바타들의 주기는 몇 가지 작은 주기들을 포함한다. 거대한 것들은 힌두교의 라마와 크리슈나의 출현이고, 이집트인 사이에서는 메네스의 출현이며, 페르시아인의 조로아스터, 그리고 힌두와 동양의 다른 국가들 사이에서는 붓다의 출현이다. 붓다가 위대한 아바타들의 마지막이고 유대의 예수보다 더 거대한 주기 속에 있다. 왜냐하면 예수의 가르침은 붓다의 가르침과 똑같고 예수를 가르쳤던 분들에게 붓다가 가르친 것으로 채색되어 있기 때문이다. 붓다와 크리슈나를 합쳐놓은 것에 상응하는 또 다른 위대한 아바타 주기는 아직 오지 않았다. 크리슈나와 라마의 성격은 군대적, 집단적, 종교적인 오컬트 계통이고, 반면에 붓다는 윤리적, 종교적 그리고 신비적으로, 예수가 그 뒤를 따랐다. 모하메드는 어떤 특정한 인종을 위한 작은 중간단계의 주기로 군사적, 집단적, 그리고 종교적인 계통이었다. 이 주기들 속에 국가들에 큰 영향을 미친 혼합된 성격들을 포함시킬 수 있다. 예를 들면, 아더 왕, 파라오, 모세, 나폴레옹 보나파르트로 환생한 샤를마뉴 대제, 독일의 프레드릭 3 세 황제와 새로운 인종의 뿌리가 형성되고 있는 미국의 초대 대통령인 워싱턴이 있다.

거대한 주기들의 교차점에는 역동적인 영향들이 따르고 지구의 양극을 이동시키거나 다른 격변으로 지구의 표면을 바꾼다. 이것은 일반적으로 받아들이는 이론이 아니지만, 우리는 그것이 사실이라고 여긴다. 인간은 에너지를 만들고 저장하며 내보내는 거대한 발전기이고, 어떤 인종을 구성하는 많은 인간들이 에너지를 만들어서 배분할 때, 뚜렷하고 격변하기에 충분히 강력한 그런 역동적인 영향이 결과적으로 지구의 물질에 일어나게 된다. 이 세계의 지층에서 거대하고 끔찍한 폐해가 있었다는 것은 모든 나라가 인정하고 증거가 필요 없다. 지질학과 관련해서 이것들은 지진 그리고 빙하의 형성 때문이다. 그러나 동물의 형태들과 관련한 주기의 법칙은 지금은 멸종된 어떤 동물 형태들과 알려지지 않았지만 종종 의심되었던 인류의 형태들이 나름대로의 주기 속에서 다시 올 것이다. 그리고 지금은 사장된 것으로 알려진 어떤 인간의 언어가 정해진 주기에 다시 한번 사용될 것이다.

"메톤 주기는 달의 주기이다. 그것은 약 19 년의 기간으로 그것이 끝나면 새롭고 충만한 달이 똑 같은 날에 돌아오게 된다."

"태양의 주기는 28 년의 기간이다. 28 년이 지난 후에 주일문자가 이전 위치로 돌아오고 율리우스력에 따라서 이전 순서대로 진행된다."

거대한 항성년(Sidereal year)은 천구를 완전히 한 바퀴 돌기 위해서 분점들을 거치는 데 걸리는 기간이다. 그것은 거의 25,868 년의 태양년으로 구성된다. 마지막 항성년은 9868 년 전에 끝났다고 하며, 그 당시 지구 상에서 격렬한 대변동이나 일련의 그런 변동뿐만 아니라 국가들의 분할이 있었음에 틀림없다. 이 웅대한 기간을 마치게 되면 지구를 우주의 새로운 공간 속으로 데려가는 데, 그것은 지구 궤도와 관련된 것이 아니라 오늘날 어떤 관측자도 측정할 수 없지만 성좌들 중 어느 하나 속에 있다고 추측되는 태양 자신의 궤도 속에서 태양이 실제도 앞으로 나아가고 있기 때문에 그런 것이다.

특히 인간에게 영향을 주는 것은 영적, 심령적 그리고 윤리적인 주기들이고, 이것들 중에서 국가, 인종 그리고 개인의 주기들이 나오게 된다. 인종과 국가 주기는 둘 다 역사적이다. 개인 주기들은 윤회, 감각 그리고 인상의 주기들이다. 개인의 윤회 주기의 길이는 일반적으로 1500 년이고, 이것은 문명의 발전과 긴밀하게 관계된 큰 역사적인 주기를 제시해준다. 많은 사람들이 데바찬에서 돌아오면서, 로마, 그리스, 고대 아리안 그리고 다른 시대들을 다시 볼 수 있을 것이고 상당한 정도로 분명하게 추적할 수 있다. 그러나 인간은 또한 천문학적인 주기들에 영향을 받는다. 왜냐하면 그는 전체에 연결된 일부분이고 인간이 전체로서 언제 변화를 경험할 것인지 이런 주기들이 표시를 나타내기 때문이다. 모든 국가들의 신성한 문헌들 속에서 이런 것들이 언급되어 있고, 고래 배 속에 있던 요나의 이야기가 있듯이 기독교 성경에도 있다. 이것을 역사로서 읽으면 터무니없는 이야기이다. 그러나 천문학적 주기로 읽으면 그렇지 않다. "요나"는 성좌들 속에 있고, 인간을 나타내는 천문학 지점이 대립과정이라고 알려진 것에 의해서 황도대에 다른 쪽에 있는 고래의 배와 정반대 지점에 도달하게 될 때, 그때 요나가 그 물고기 가운데 있다고 말하고 인간 지점(man-point)이 황도대를 따라서 고래와 반대되는 위치에서 벗어날 만큼 멀리 갔을 때 그 기간이 끝날 무렵에 "내뱉어진다". 마찬가지로 같은 지점이 이렇게 황도대를 지나서 움직일 때 그것이 이동하는 세기마다 대립에 의해서 정반대에 있는 다른 성좌들 속으로 데려가게 된다. 이렇게 진행하는 동안 상징학의 정확한 규칙에 따라 성좌들을 읽을 때 그 성좌들이 정확하게 나타내는 변화들이 인간들 사이와 지상에서 일어난다. 결합점이 영향을 일으킨다고 주장하는 것이 아니라, 아주 오래 전에 지혜의 대스승들께서 인간과 관련된 모든 문제들을 풀었고 사건들이 확실히 순환하는 정확한 날짜를 아는 방법을 하늘 속에서 찾았다고 주장하는 것이다. 그래서 오래된 국가들의 마인드들 속에 각인시킴으로써 황도대의 상징학이 그 기록과 예언을 보존할 수 있었다. 이렇게 시계공이 분침이 다가오면서 혹은 어떤 정해진 지점에서 시계의 작동에 따라서 시간을 말할 수 있는 것과 같은 방식으로, 성인들도 황도시계에 의해서 사건들이 일어난 시간을 말할 수 있다. 물론 오늘날 이것을 믿지 않지만, 미래에는 잘 이해될 것이고, 지구의 국가들이 모두 황도대를 나타내는 비슷한 상징들을 가지게 되고, 오래 전에 죽은 인종들에 대한 기록들도 똑같이 되면서, 19 세기 서구의 문화 파괴 정신이 우리들의 진화의 가치 있는 유산을 지울 수는 없을 것이다. 이집트에서 덴데라 황도대가 미국 대륙의 고대 문명이 남긴 것과 같은 이야기를 해주고 있고, 이 모든 것들은 같은 근원에서 온 것으로 그것들은 인간의 진화 초기에 와서 인간이 힘겨운 계발의 길을 따라서 올라갈 때 모든 주기들 내내 지속될 천문학 성격의 위대한 상징들과 사상들을 인간에게 준 성인들의 작품이다.

거대한 주기의 시작과 끝에 일어나는 거대한 대격변과 관련해서 그 결과를 지배하는 주요 법칙은 주기적인 규칙에 따라서 진행되는 카르마와 윤회의 법칙이다. 인간이 이 법칙에 지배를 받을 뿐만 아니라 물질의 모든 원자와 물질 덩어리도 인간과 동시에 지속적인 변화를 경험하고 있다. 그러므로 사고자가 경험하는 변형에 상응하는 변형을 보이게 된다. 물질계에서는 영향이 지구의 고체 위에 있는 기체와 작용하는 다른 액체 및 전기를 통해서 일어난다. 거대한 주기가 변하면서 폭발점이라고 부를 수 있는 지점에 도달해서 지진, 홍수, 빙하 같은 격렬한 격변을 일으킨다.

지진은 두 가지 일반적인 원인들에 의해서 생길 수 있다; 첫째, 열기와 증기 때문에 지표면 밑에서 침하 혹은 상승, 둘째, 물과 땅에 동시에 영향을 주는 전기적 자성적 변화들. 이 마지막 변화들은 땅을 녹이지 않은 채 유동적으로 즉각 만들 수 있는 힘을 가지고 있어서, 크고 작은 파도 속에서 거대하고 격렬한 이동을 일으킨다. 그리고 비슷한 전기적 원인들이 적은 양으로 작용할 때 이런 영향을 지진지역에서 종종 보게 된다.

일반적인 규모의 홍수는 지층의 침하 혹은 상승에 의한 물의 이동 혹은 방대한 습기를 뿌리는 전기적인 변화와 합쳐진 이동으로 생긴다. 후자는 단순히 구름을 비우는 것이 아니라 거대한 규모의 액체와 고체를 갑작스럽게 물로 바꾸는 것이다.

광범위한 화재는 공기 중에 전기적 자성적인 변화로 공기 속에서 습기가 추출되어 그것이 불 덩어리로 변해서 생긴다. 그리고 태양의 자성 센터가 갑작스럽게 일곱 가지 센터들로 팽창하면서 지구를 타오르게 한다.

빙하의 대격변은 극지방의 갑작스러운 변동에서 올 뿐만 아니라 또한 해수 속에서 따뜻한 해류의 변동으로 온도가 내려가서 생기고--이것은 과학에서 알고 있다--땅 속에서 뜨거운 자성 흐름 때문에--이것은 과학에서 모른다--생기게 된다. 습기의 하위 층이 갑작스럽게 얼어붙어서, 밤에 육지의 거대한 면적이 수십 센티미터의 얼음으로 덥히게 된다. 해양의 따뜻한 해류가 해변에서 다른 곳으로 방향을 바꾸면 이런 일이 영국 제도에서 쉽게 일어날 수 있다.

이집트인과 그리스인은 그들의 주기를 가지고 있지만, 우리 생각에는 인도의 성인들에서 유래된 것으로 보인다. 중국도 항상 천문학의 나라였고 기독교 시대까지 거슬러 올라가는 관측자료를 기록했다. 그러나 언젠가는 사라질 운명의 고대 인종에 속하기에--주장이 이상할 수도 있지만--그들의 결론은 아리안 인종들에게는 정확하지 않을 것이다. 기독교 시대가 도래하면서 서구의 인간의 마인드 위에 무거운 밤의 장막이 드리워졌고, 인도는 많은 세기 동안 고립되어서 유럽의 암흑기 동안 위대한 사상들을 보존하게 되었다. 이런 고립은 제 1 장에서 언급한 위대한 롯지에 의해서 주도 면밀하게 필요한 예방책으로 취해진 것이다. 왜냐하면 주기의 법칙들을 완전하게 알고 있는 초인들은 미래 세대를 위해서 철학을 보존하고자 했기 때문이다. 이집트인들의 미지의 사로스와 나로스 그리고 다른 주기들에 대하여 논의하는 것이 단순히 현학적이고 추론에 불과할 것이기 때문에, 브라만 주기들이 정확한 기간과 일치하기 때문에 여기서 브라만 주기들을 제시할 것이다.

우주 현현의 기간을 "브라흐마란드라"라고 [6] 부른다. 그리고 브라흐마의 생은 하루와 연으로 구성되어 있고, 우주 차원이기에 각각의 기간은 엄청난 기간이다. 그의 하루는 24시간, 한 해는 360일이고 한 생은 100년이다. 이제 지구를 보면, 지구의 통치와 진화는 마누 하에 진행되고 여기서 만반타라 혹은 "두 마누 사이"에서 나오는 것이다. 진화 과정은 모든 인종에게 그 나름대로의 시간과 방식으로 네 가지 유가로 니누어진다. 이 유가들은 모든 인류에 동시에 영향을 주지 않는다. 어떤 인종들은 네 가지 유가 중에 어느 하나 속에 있고, 다른 인종들은 다른 주기 속에 있기 때문이다. 예를 들면, 아메리카 인디언은 철기시대 끝에 있고, 아리안들은 아주 다른 상태에 있다. 이 네 가지 유가들은 크리타 혹은 삿티야 황금시대; 트레타; 드바파라 그리고 칼리 혹은 암흑시대이다. 서구와 인도는 현재 칼리 유가에 있는데, 특히 도덕적 영적인 발전과 관련해서 그렇다. 서구는 나머지에 비하면 느리고, 현재--칼리--는 매우 빠르고, 오늘날 달과 관련해서 알려졌지만 충분하게 풀지 못한 어떤 천문학적 기간들처럼 그 움직임이 가속화되고 있다.

---

6 도(Path), 1893년 11월 259 페이지에서 젓지 씨가 브라흐만다, 즉 브라흐마의 전체 생을 잘못 쓴 것이라고 지적하였다.

구 분	연(year)
360 일	1
크리타 유가	1,728,000
트레타 유가	1,296,000
드바파라 유가	864,000
칼리 유가	432,000
마하 유가 혹은 위의 네 유가 전체	4,320,000
71 마하 유가 혹은 1 마누	306,720,000
14 마누	4,294,080,000
각 마누 사이의 새벽과 황혼	25,920,000
1,000 마하 유가 혹은 칼파 혹은 브라흐마의 낮	4,320,000,000
브라흐마의 하루 (낮과 밤)	8,640,000,000
브라흐마의 1 년 360 일	3,110,400,000,000
브라흐마의 한 생 100 년	311,040,000,000,000

칼리 유가의 첫 5 천 년이 1897 년과 1898 년 사이에 끝날 것이다. 이 유가는 기독교 시대 이전 3102 년, 크리슈나의 죽음이 있던 시기에 시작되었다. 1897 년과 1898 년이 머지 않았기에, 오늘날 과학자들은 5 천년 주기가 끝나면서 어떤 거대한 변화, 정치적, 과학적 혹은

물리적 변화 혹은 모두 합쳐진 변화가 따를지 혹은 선행할지 볼 수 있는 기회를 가질 것이다. 과거에 종교적 도그마적 편견과 편협으로 생각과 행동의 자유가 제한을 받았던 것처럼, 서구에서는 과거처럼 그렇게 제한을 받고 있지 않는 이 시기에 이전 문명들에서 오는 혼들이 지금 환생하고 있기 때문에 주기적인 변화들이 이제는 매년 진행되고 있다. 그리고 현재 우리는 과도기가 보여주듯이, 철학, 종교 그리고 사회에 있는 모든 것이 변히고 있는 과도기에 있다. 모든 사상들보다 돈을 치켜세우고 인간과 자연의 영적인 견해를 비웃는 세대에게는 주기들에 대한 충분하고 완전한 숫자들과 규칙들이 주워지지 않는다.

15장 종의 분화 - 잃어버린 고리

인간의 기원과 종의 분화에 관한 질문에서 과학과 신지학 사이에는 현재 메울 수 없는 광대한 격차가 있다. 서구의 종교 교사들은 이 주제에 대하여 과학자가 제시한 것과 똑같이 불가능한 어떤 이론, 가장된 계시에 의해서 독단적으로 지지된 어떤 이론을 제시한다. 그러나 종교 해설자들이 과학보다는 진리에 더 가깝다. 아담과 이브에 관한 종교적 미신 아래에 진리가 숨겨져 있다. 그리고 카인, 세스, 노아의 이야기 속에 인간의 다른 인종들에 대한 진정한 이야기가 애매하게 드리워져 있다. 아담은 한 가지 인종을 대표한다. 카인을 받아들이고 그에게 부인을 준 사람들은 아담이 이끈 인종과 동시에 출현한 어떤 인류들이다.

인간의 시작 혹은 궁극의 기원을 어디서 언제 시작했는지 우리가 안다 하더라도 그것을 발견하지는 못할 것이다. 인간은 결코 존재하지 않은 적이 없다. 이 지구에 존재하지 않았다면 다른 곳에서 존재했었고, 언제나 존재했으며 우주에 어느 곳에는 항상 존재할 것이다. 천상의 인간의 이미지에 다다르고자 완성시키면서 인간은 항상 되어가고(becoming) 있다. 하지만 인간의 마인드가 어떤 시초로 돌아갈 수 없기에, 우리는 여기 지구에서 시작할 것이다. 이 지구와 지구가 일부분을 구성하는 전체 구체들의 체인에 일곱 인종의 인간이 이전 체인의 다른 구체에서 넘어오면서 동시에 출현하였다. 그리고 이번 체인의 네 번째인 이 지구와 관련해서 일곱 인종들이 이번 체인의 다른 구체에서 동시에 왔다. 일곱 인종의 출현은 첫 번째 라운드와 두 번째 라운드 일부에서 일어난다. 두 번째 라운드에서 존재들의 일곱 덩어리가 합쳐지고, 그 이후 그들의 운명은 그 다음 라운드 동안에 천천히 분화되어서, 일곱 번째 라운드에 이번 진화 기간 동안에 인류의 완전한 유형들이 가능한 한 최대로 일곱 가지 위대한 인종들로 뚜렷해질 것이다. 현재 일곱 인종들은 함께 섞여있고, 모든 인종의 대표들이 현재 과학이 분류한 많은 인종들 속에 있다. 이런 통합과 나중에 분화하는 목적은 다른 행성과 체계 속에서 얻은 이전의 진보로부터 얻은 전체의 힘과 진보의 혜택을 모든 인종에게 나눠주고자 하는 것이다. 왜냐하면 대자연은 결코 서둘러서 과도한 방식으로 일하지 않고, 혼합, 투하 그리고 분리라는 확실한 방법에 의해서 최고의 완성을 가져온다. 그리고 연금술사들에게 이 방법이 알려졌지만, 그들도 그것과 관련된 모든 것을 충분하게 이해하지는 못했다.

따라서 인간은 단 한 쌍에서 생겨나지 않았다. 그리고 인간은 어떤 부족이나 가족 혹은 원숭이로부터 온 것이 결코 아니다. 이 질문에 대한 해답을 종교나 과학에서 찾는 것은 희망이 없다. 왜냐하면 과학은 자신이 인정하는 것에 대하여 혼란스러워하고, 종교는 사제가 제시한 이론을 반박하는 계시로 뒤얽혀있기 때문이다. 아담 최초 인간으로 불리지만, 그 이야기가 발견된 기록에서 카인이 도시를 세우기 전에 지상에 다른 인종들이 존재했었다는 것을 보여준다. 그래서 성경은 한 쌍 이론을 지지하지 않는다. 과학의 가설 중에 하나를 받아들이고 인간과 원숭이가 하나의 조상에서 분화되었다고 잠시 인정한다면, 첫 번째 조상이 어디서 왔는지 우리는 결정해야 한다. 이 주제에 대한 롯지의 첫 번째 명제는 일곱 인종들이 지상에 동시에 출현했고, 첫 번째 부정적인 가정은 인간은 한 쌍 혹은 동물계에서 나오지 않았다는 것이다.

인간의 역사 속에서 차후에 나타나는 성격과 역량의 다양성은 다른 지구 체인에서 이전의 장구한 진화 기간 속에 있던 자아들 속에서 유발된 변형들이 나오고 있는 것이다. 이런 변형들이 너무 깊게 영향을 받아서 거의 내재적인 특징이 되었다. 이 지구의 인종들을 위해서 이전 진화 기간이 지구 체인들로 옮겨졌으며, 우리의 달이 지금 눈에 보이는 그 대표자이다.

인간과 관련하여 유인원의 당면한 문제는 지혜의 대스승들이 그 해결을 제시해준다. 그 유인원이 우리의 선조가 아니라 오히려 우리가 그들을 만들었다고 그 분들은 말씀하셨다. 지구 초기 시대 중 어느 한 기간에 그 시대 인간들이 동물계의 큰 암컷들에서 유인원들을 낳았고, 언젠가는 인간이 될 운명인 어떤 숫자의 자아들이 유인원의 육체 속에서 잡히게 되었다. 진짜 유인원의 후손들의 나머지는 인간의 사생아들의 후손들로, 그 자아들이 인간의 육체 속으로 들어가면서 점차로 사라져갈 것이다. 반은 유인원이고 반은 인간인 육체들은 엄밀하게 말해서 동물 자아들이 들어갈 수 없고, 바로 그 이유 때문에 [씨크릿 독트린]에서 "지체된 인종"들로 알려져 있고, 다음 만반타라까지 하위 왕국에 있는 자아들이 더 이상 인간 왕국으로 들어오지 못할 것이라는 대자연의 명령에 포함되지 않은 유일한 인종이다. 그러나 유인원을 제외하고 인간 밑에 있는 모든 왕국들에게 인간의 단계로 들어오는 그 문이 이제는 닫혔고, 하위 형태들 속에 있는 자아들은 다음 거대한 주기까지 그들의 차례를 기다려야 한다. 그리고 유인원 가족의 지체된 자아들이 나중에 인간의 단계로 들어올 때, 그들도 그 퇴화된 상태 속에서 오랫동안 기다린 것에 대한 보상을 받게 될 것이다. 모든 다른 원숭이들은 진화 과정의 일반적인 방식의 산물들이다.

이 주제 대하여 비밀 문헌들로부터 비의적인 인류학을 제시하는 지혜의 대스승들 중에 한 분의 말씀을 인용하는 것을 제외하고 더 잘 설명할 수가 없다:

인간과 유인원 사이의 해부상의 유사성은 어떤 공통의 조상을 가졌다고 진화론자들이 지적하듯이 흥미로운 문제를 제시하고, 적합한 해결책은 원숭이의 기원에 대한 비전적인 설명에서 찾는 것이다. 태초의 마인드가 없던 인종들의 수간(獸姦)이 거대한 인간 같은 괴물--인간과 동물 부모 사이의 자손--을 낳았다고 말함으로써 유용한 만큼 설명을 제시했다. 시간이 지나가면서, 여전히 반-아스트랄 형태들이 육체로 굳어지면서, 이 피조물들의 후손이 외부 조건에 의해서 변형되었고, 결국에는 그 자손이 크기가 줄어들면서 중신세의 작은 유인원으로 되었다. 이들을 가지고 후기 아틀란티안들이 "마인드가 없던 인종"들의 죄를 다시 저질렀다. 이번에는 충분한 책임을 갖게 되었다. 그들 범죄의 결과들이 지금 유인원으로 알려진 종들이었다.

이런 맥락에서 세 번째 라운드에 아스트랄계에 있던 거대한 유인원 같은 형태를 가진 인간에 대하여 말하는 비의 가르침을 기억하자. 마찬가지로 이번 라운드 세 번째 인종이 끝날 무렵에도 마찬가지이다. 후기 유인원들이 유전에 의해서 아틀란티스-레무리안 부모들과 유사하다는 사실을 제외하고, 후기 유인원들이 인간 같은 특징들을 가졌다고 이렇게 설명한다.

게다가 인간의 유형이 출현한 후에 네 번째 라운드에 포유류 유형들이 만들어졌다고 스승들께서 단언하신다. 이런 이유 때문에 생식에 장벽이 없었다. 왜냐하면 그 포유류의 근원-유형은 자연스러운 장벽이 올려지기에는 아직 충분히 동떨어져 있지 않았기 때문이다. 인간이 아직 마나스의 빛을 갖지 않았던 세 번째 인종에서의 부자연스러운 합일은 대자연에 반하는 죄가 아니었다. 왜냐하면 가장 단순한 씨앗의 마인드를 제외하고는 마인드가 없었기 때문에 어떤 책임도 없었다. 그러나 마나스의 빛이 있던 네 번째 라운드에서 새로운 인종에 의해서 그 행위가 반복된 것은 범죄였다. 왜냐하면 결과에 대하여 충분히 알고 행해진 것이었고 양심의 경고에 반하는 행위였기 때문이다. 모든 인종을 포함해서 이것에 대한 카르마의 결과가 아직 느껴지거나 이해되지 않고 있지만 훨씬 후대에 그렇게 될 것이다.

인간이 물질 속에 완전히 얽어 매이기 전에 엄청난 힘을 가진 존재였지만, 인간이 다른 행성에서 지구로 왔을 때, 하위 왕국들도 마찬가지로 다른 행성들에서 씨앗과 유형 속에서 왔고, 그들은 생명의 파도의 최전방에서 모든 현현 기간 속에 있는 인간의 도움으로 위로의 진화를 단계적으로 수행한다. 하위 왕국들 속에 있는 자아들은 이전 지구 체인에서 그들의 진화를 끝낼 수 없었고, 여기로 오면서 그들은 한 시대 한 시대 앞으로 나아가서 점차로 인간의 단계에 근접하게 된다. 언젠가는 그들도 인간이 될 것이고 다른 구체들의 다른 하위 왕국들을 위한 안내자이자 선발대 역할을 하게 될 것이다. 그리고 이전 구체에서 올 때 여기서 사용하기 위한 어떤 모델 혹은 유형들로서 동물 생명의 어떤 형태들 중에서 첫 번째이자 최고의 존재 등급을 항상 가져온다. 여기서 세부적인 것까지 들어가는 것은 유익하지 않을 것이다. 왜냐하면 시대에 너무 앞에 있기에 어떤 사람들로부터는 조롱 받을 것이고 또 다른 사람들로부터는 어리석음을 일으킬 것이기 때문이다. 하지만 다양한 왕국들의 일반적인 형태들이

왔기에, 동물과 다른 하위 종들이 어떻게 분화되었는지 볼 것이다.

여기가 바로 지성적인 도움과 하나의 마인드 혹은 많은 마인드로부터 개입이 절대적으로 필요한 지점이다. 그런 도움과 개입이 있었고 사실이다. 왜냐하면 대자연은 도움을 받지 않고서는 일을 올바로 할 수 없기 때문이다. 그러나 여기서 신이나 천사가 개입해서 도움을 준다는 것을 의미하는 것이 아니다. 이것을 하는 것은 바로 인간이다. 오늘날처럼 약하고 무지한 인간이 아니라 고귀하고 신성하며 굉장한 힘과 지식 그리고 지혜를 가진 위대한 혼들이다. 한편으로는 종교가 다른 한편으로는 과학이 우리의 나약함과 내재하는 악함 그리고 순전히 물질적인 기원에 대한 그런 그림을 그리지 않았다면, 모든 사람이 알듯이, 거의 모든 인간은 자신들은 신의 꼭두각시이거나 혹은 희망 없는 잔인한 운명의 꼭두각시라고 생각하거나, 현세와 내세 둘 다에서 이기적이고 비하하는 목표를 가진 채 그대로 있을 것이다. 지금은 우리 세계에서 멀리 떨어져 있는 이런 존재들에게 다양한 이름들을 부여하였다. 그 이름들은 디야니스, 창조자, 안내자, 위대한 영 등등이다. 신지학 문헌에서는 그들을 디야니스라고 부른다.

그들과 위대한 롯지에 알려진 방법으로 그들은 이전 세계에서 가져온 형태들 위에 작업을 하고, 여기는 첨가하고 저기는 제하고 그리고 종종 바꾸면서, 그들은 변형과 첨가를 통해서 대자연의 왕국들을 점진적으로 변형시킬 뿐만 아니라 점진적으로 인간의 조잡한 육체를 만들었다. 이렇게 주워진 충동들이 분명히 다음 시기를 지나서 계속 진행될 것이기 때문에, 이 과정은 조잡한 물질 단계 이전인 순전히 아스트랄 시기에 주로 수행되었다. 진화의 중간 지점에 도달할 때, 종들이 현재 단계까지 출현하고 인간의 눈이나 우리가 사용하는 도구들에는 어떤 연결고리도 보여주지 않는다. 오늘날 연구자들은 어떤 종들에 대하여 그들이 찾아가는 뿌리가 어떤 뿌리인지 알려지지 않은 지점까지 거슬러 올라갔다. 한편으로는 소를 다른 편으로는 말을 보면, 둘 다 발굽을 가지고 있지만, 하나는 나누어졌고, 다른 하나는 하나의 발가락을 가졌다. 각각의 가장 오래된 조상에 도달할 때, 이것들은 우리를 중간 지점까지 데려다 주며, 거기서 과학은 멈추게 된다. 바로 이 지점에서 지혜의 대스승들이 이 모든 것 뒤에 고대의 진화의 아스트랄 영역이 있고, 그곳에 디야니스들이 변형과 첨가로 진화를 시작한 근원-유형들이 있으며, 그것들이 나중에 여기 조잡한 세계에서 분화되어 다양한 종, 속, 과로 나타났다는 것을 보여주기 위해서 나오게 된다.

약 3 억년이라는 거대한 기간이 지구에서 지나갔고 인간과 자연의 모든 세계들이 아스트랄 단계에 있었다. 그 당시에는 지금 우리가 알고 있는 그런 조잡한 물질이 없었다. 이것은 대자연이 아스트랄계, 즉 물질이지만 매우 섬세한 물질계인 아스트랄계에서 유형들을 완성시키는 일을 천천히 진행할 때인 초기 라운드에 그랬다. 그 거대한 기간이 끝날 무렵에 굳어지는 과정이 시작되었고, 인간의 형태가 처음으로 단단해졌으며, 그리고 나서 모든 것이 아스트랄 상태인 이전 시기에 속하는 이전 라운드의 어떤 아스트랄 원형들이 이런 응고에 결부되었다. 이런 화석들이 발견되었을 때, 그것들은 인간의 조잡한 육체와 공존했던 피조물들임에 틀림없다고 주장되었다.

과학의 다른 이론들 하에서 그 주장이 적합하지만, 만약 아스트랄 기간의 존재가 인정된다면 그것은 그냥 하나의 가정에 지나지 않는다. 세부적인 사항들 속으로 깊이 들어가는 것은 이 책의 범위를 넘어서는 것이다. 그러나 벌이나 밀이 여기 구체들의 체인 속에서 원래부터 분화될 수 없으며 그들을 가져온 어떤 다른 구체에서 만들어지고 끝났다고 말할 수 있다. 이것이 왜 그런가에 대해서는 현재는 추측하는 것으로 남겨두고자 한다.

과학은 아스트랄 기간의 근원 유형들과 현재 화석들 혹은 살아있는 종들 사이의 잃어버린 고리를 찾을 수 없다고 전체 이론에 반대할 것이다. 1893년 모스크바에서 피르호 교수가 강연에서 잃어버린 고리는 아주 먼 곳까지 가서 꿈과 같은 것이고, 인간이 동물에서 온다는 것을 보여주는 어떤 실제적인 증거가 없다고 말했다. 이것은 아주 맞고, 현재와 같은 방법들 하에서는 그 어떤 잃어버린 고리도 발견할 수 없을 것이다. 왜냐하면 그것들은 모두 아스트랄계에 존재하고 있고 그러므로 육안으로는 볼 수가 없기 때문이다. 그것들은 내면의 아스트랄 감각들에 의해서만 볼 수 있고, 그 감각들이 그 일을 적합하게 하도록 수련을 시켜야 한다. 그리고 과학이 아스트랄 감각과 내면의 감각들을 인정할 때까지 그 감각들을 결코 계발시킬 수 없을 것이다. 그러면 과학은 오랜 분화 과정 속에서 아스트랄계에 버려진 잃어버린 고리를 발견할 수 있는 도구들 없이 항상 존재하게 될 것이다. 위에서 말한 화석들은 더 이상 쓸모 없이 굳어진 것으로 잃어버린 어떤 연결고리를 찾는 것이 불가능한 것의 예외이지만,

그것들은 과학에게 막다른 골목이 될 것이다. 왜냐하면 과학은 필요한 사실들을 아무것도 인정하지 않기 때문이다.

이 모든 분화, 혼합 그리고 분리의 목표를 대스승들 중에 한 분이 이렇게 말씀하셨다:

대사연은 물질이 비유기적인 형태들 보다 유기적인 형태들 속에서 파괴될 수 있어야 한다는 것을 의식적으로 선호한다; 그리고 대자연은 비활성 물질에서 의식적인 생명을 진화시키는 목적을 실현시키는 방향으로 천천히 그러나 끊임없이 일한다.

16 장 심령 법칙, 힘 그리고 현상

심령적 힘들과 현상 그리고 역학의 장은 엄청나게 광대한 영역이다. 그런 현상과 힘은 모든 나라들에서 보이고 나타난다. 그러나 거의 몇 해전까지만 해도 과학자들이 그것들에 대해서 관심을 기울이지 않았다. 반면에 그런 일화를 말하거나 심령적인 성질을 믿는 사람들에게는 많은 조롱이 돌아갔다. 약 40 년 전에 미국에서 "심령주의"로 잘못 붙여진 컬트가 생겨났지만, 그것은 큰 기회를 가졌음에도 불구하고 그것을 무시했으며 일말의 철학의 흔적 없이 기적을 추구하는 데만 빠져버렸다. 지난 40 년간 일반인들의 심각한 관심을 끌었던 소화되지 않은 많은 사실들의 기록을 제외하고는 그것이 발전의 길에서 성취한 것이 거의 없었다. 그것 나름대로의 용도가 있었고 그 대열에 많은 위대한 사람들이 있었지만, 관련된 인간의 도구와 그것을 추구한 사람들에게 오는 위험과 피해가, 진화의 길에서 인간을 파멸 없이 고르게 진보하도록 만들 수 있었던, 롯지의 제자들 의견으로 행해졌던 좋은 점을 상쇄하고도 남았다. 하지만 받아들여진 서구의 다른 학파들이 탐구자들은 훨씬 더 잘하지 못했고, 그 결과 그 이름 가치를 하는 서구의 심리학이 없다는 것이다.

이런 적합한 심리학 체계가 없다는 것은 과학의 물질주의적인 편견과 독단적인 종교의 마비 효과의 자연스러운 결과이다. 전자는 이런 노력을 조롱해서 그 방법을 막아서며, 후자는 조사를 아예 금지시킨다. 기독교의 로마 가톨릭 지부는 어떤 면에서 예외이다. 그것은 심령 세계의 존재, 천사들과 악마들의 영역을 항상 인정했다. 그러나 천사들이 선택해서 현현하고 악마들은 피해야 하는 것으로, 권위 있는 사제를 제외하고 그런 문제들에 끼어드는 것을 허락하지 않는다. 교회가 "심령주의자"들이 탐닉하는 유해한 강령술의 실행을 금지하는 것과 관련해서 그것은 맞지만 다른 것들을 금지하고 제한한 것은 그렇지 않다. 진실한 심리학은 오늘날 동양의 산물이다. 매우 오래된 문명이 미국과 기독교 기원 이전 유럽의 어떤 부분에서 융성했을 때 그 체계가 알려졌다는 것이 맞지만, 오늘날의 심리학은 그 진정한 의미에서 동양에 속한다.

심령적인 힘들, 법칙들 그리고 능력들이 있는가? 만약 있다면, 그러면 현상이 있음에 틀림없다. 그리고 앞 장들에서 서술된 모든 것이 사실이라면, 그러면 대자연 속 어딘가에서 발견되는 똑같은 힘들과 능력들이 인간 속에도 있을 것이다. 지혜의 대스승들에 의하면 인간은 진화 전체

217

체계의 최고의 산물이고 자신 속에서 놀랍건 끔찍하건 대자연의 모든 힘을 비춘다; 그런 거울이라는 바로 그 사실에 의해서 인간이 되는 것이다.

이것은 오랫동안 동양에서 인정되어 왔다. 그곳에서 본인은 서구의 많은 과학자들의 이론들을 혼란스럽게 만들 그런 힘들을 보았다. 그리고 서구에서도 같은 현상이 반복되었고 그래서 모든 인류가 똑같은 잠재력을 가지고 있다는 자기자신이 가진 지식에 대하여 안다. 동양의 요기나 수도자가 행하는 진정한 사이킥 현상 혹은 종종 마법이라고 부르는 현상은 모두 서구에서는 심지어 꿈도 꾸지 못한 그런 자연의 힘과 과정들을 사용해서 행하는 것이다. 그 과정을 완전하게 숙달하게 될 때 중력에 반하는 공중부양도 쉽게 할 수 있다. 그것은 법칙에 반하는 것이 아니다. 중력은 어떤 법칙의 반쪽이다. 동양의 성인은 그 용어(중력)를 사용하기를 원한다면 그것을 인정한다; 그러나 진정한 용어는 인력이고, 그 법칙의 다른 반은 반발력이며, 둘 다 전기력의 거대한 법칙들에 의해서 지배된다. 무게와 안정성은 양극성에 달려있고, 어떤 사물의 극성이 바로 밑에 있는 지구와 관련해서 변할 때, 그때 그 사물이 상승할 수 있다. 그러나 단순한 사물들은 인간 속에 있는 의식이 없기 때문에,

그들은 어떤 도움 없이 상승할 수가 없다. 그러나 인간의 육체는 그 극성이 이렇게 변할 때 새처럼 어떤 도움 없이 공기 중으로 상승할 것이다. 이런 변화는 동양에서 알려진 어떤 호흡 체계에 의해서 의식적으로 일어난다; 로마 가톨릭 교회의 성인들에서처럼 그 법칙을 모른 채 그 현상을 수행하는 사람들의 경우 나중에 말하게 될 어떤 자연적인 힘의 도움으로도 일어나게 할 수도 있다.

동양과 서양의 많은 현상으로 들어오는 세 번째 위대한 법칙은 응집력의 법칙이다. 응집력은 하나의 뚜렷한 힘이고, 보통 생각하는 것처럼 어떤 결과가 아니다. 본인이 본 것처럼, 어떤 단단한 철로 만들어진 고리가 다른 고리를 지나가거나, 돌이 단단한 벽을 관통하는 것과 같은 것처럼 어떤 현상들이 일어난다면 이 법칙과 그 작용이 알려져 있음에 틀림없다. 따라서 분산이라고 불려지는 또 다른 힘이 사용된다. 응집이 지배적인 힘이다. 왜냐하면 분산력을 거둬들이는 순간, 응집력이 그 입자들을 원래의 위치로 회복시키기 때문이다.

이것을 따라서 초인은 어떤 사물이 보이지 않게 될 때까지 그 사물의 원자들--항상 인간의 육체를 제외하고--을 분산시킬 수 있고, 에테르 속에 있는 흐름을 따라서 지구의 어느 거리까지건 그것들을 보낼 수 있다. 원하는 지점에 도달했을 때 분산력을 회수한다. 그러면 그 즉시 응집력이 회복되어 그 사물을 다시 보이게 만든다. 어쩌면 이것이 허구처럼 들릴 수도 있지만, 롯지와 제자들에게는 실제의 사실로서 알려져 있고, 과학도 언젠가는 그 명제를 인정할 것이라고 확신한다.

그러나 오늘날 물질주의에 침식당한 보통 사람은 어떤 도구들도 언급하지 않으면서 어떻게 이런 모든 조작들이 가능한가 의아해할 것이다. 그 도구들은 인간의 체와 두뇌 속에 있다. 롯지의 관점에서 보면, "인간의 두뇌는 지칠 줄 모르는 힘의 발전기"이고, 수련된 마인드를 가지고 대자연의 내면의 화학적 역학적인 법칙들을 완전하게 이해하면 언급한 법칙들을 작동할 수 있는 힘을 갖게 된다. 미래에 이것은 인류의 소유가 될 것이고, 만약 인간이 맹목적인 도그마, 이기심 그리고 물질주의적인 불신만 없다면 오늘날에도 이것을 인간이 소유하게 될 것이다. 심지어 기독교인도 만약 믿음이 있다면 산도 움직이게 될 것이라는 그 대스승의 진실된 말씀에 따라서 살고 있지 않다. 믿음이 부가될 때 그 법칙에 대한 지식은 물질, 마인드, 공간 그리고 시간을 지배하는 힘을 주게 된다.

같은 힘을 사용하면서, 숙련된 초인은 바로 눈 앞에서 이전에 보이지 않았던 물질인 만질 수 있는 사물을 원하는 어떤 형태로든 만들 수 있다. 보통 사람들은 이것을 창조라고 부르겠지만, 이것은 여러분이 있는 상태에서 나오는 단순한 전개이다. 물질은 우리 주위 공기 속에 떠 있다. 모든 물질, 그것이 보이건 아직 침전되지 않았건, 그것은 모든 가능한 형태들을 통해서 있어 왔고, 초인이 하는 것은 아스트랄 빛 속에 존재하는(모든 것들이 그렇듯이) 어떤 원하는 형태를 선택해서 의지와 상상력의 노력으로 그 형태에 침전을 통해서 물질을 입히는 것이다. 여기서 설명할 필요가 없는 어떤 다른 과정들을 사용하지 않는다면 그렇게 만들어진 물체는 사라질 것이다. 그러나 만약 이런 과정들을 사용하면 그 물체는 계속해서 그대로 있을 것이다. 그리고 만약 종이나 다른 표면에 어떤 메시지가 보이길 바란다면, 똑같은 법칙과 힘을 사용하게 된다. 모든 글자나 그림의 모든 선의 분명한--사진처럼 그리고 날카롭게 분명한--이미지를 마인드 속에서 그리고, "무진장한 힘과 형태의 발전소"인 두뇌에 의해서 그려진 그 범위 안으로 공기 중에서 색소가 떨어지도록 하는 것이다. 본인은 설명한 방식으로 이 모든 것이 행해지는 것을 보았고, 당연히 어떤 고용된 혹은 무책임한 영매가 행한 것이 아니다. 그리고 본인이 말하는 것이 무엇인지 잘 알고 있다.

그러면 이것은 다음과 같은 명제에 도달한다. 즉, 인간의 의지(Will)가 가장 강력하고, 상상력은 역동적인 힘을 가진 가장 유용한 기능이다. 상상력은 인간 마인드가 가진 그림을 그리는 힘이다. 보통 사람 속에서 그것은 일종의 꿈 이상으로 충분한 수련이나 힘을 가지고 있지 않다. 그러나 그것을 수련시킬 수 있다. 수련이 되었을 때, 그것은 인간 워크샵에 있는 대건설자가 된다. 그 단계에 도달하면 그것은 객관적으로 결과가 흘러나올 아스트랄 질료 속에 있는 모체를 만든다. 그것은 복잡한 도구들을 가진 인간의 집합체 속에 있는 인간 의지 다음으로 가장 위대한 힘이다. 현대 서구에서 내린 상상력의 정의는 불완전하고 요점을 빗나간 것이다. 주로 공상이나 오해를 나타내기 위해서 그것이 사용되고 항상 비실재를 나타낸다. 똑같이 좋은 다른 용어를 찾는 것이 불가능하다. 왜냐하면 숙련된 상상력의 힘들 중에 하나가 이미지를 만드는 능력이기 때문이다. 그 말은 이미지를 만들거나 반영하는 것을 나타내는 것에서 유래되었다. 통제되지 않은 방식으로 이 기능을 사용했기 때문에 서구에서는 "공상"으로 커버하는 그것 이상 어떤 다른 개념을 제시하지 못했다. 그것에 관한 한 맞는 말이다. 그러나 그것을 더 위대한 한계까지 밀어붙일 수 있고, 거기에 도달했을 때 상상력이 아스트랄 질료 속에서 어떤 형태나 이미지를 만들어내게 된다. 마치 철 주조자가 녹인 철물을 위해서 모래 거푸집을 사용하듯이. 그러므로 만약 상상력이 약하거나 수련이 안되면 의지가 그 일을 하지 못한다는 점을 고려하면 그것은 왕과 같은 기능이다. 만약 공기 중으로부터 종이 위에 침전시키려고 하는 사람이 아스트랄 질료 속에서 만든 이미지를 가지고 아주 조금이라도 흔들리게 되면, 그 색소가 종이 위에 흩어지고 흔들린 방식으로 떨어지게 될 것이다.

어떤 거리에 떨어져 있더라도 다른 마인드와 의사 소통하기 위해서 초인은 두뇌의 모든 분자들 및 마인드의 모든 생각들과 동조해서 영향을 받는 마인드와 조화롭게 진동하게 되고, 다른 마인드 및 두뇌도 또한 자발적으로 같이 동조하거나 그 진동 속으로 들어가야 한다. 그래서 초인이 봄베이에 있고 친구가 뉴욕에 있더라도, 내면의 감각들이 귀에 의존하지 않기 때문에, 그 거리는 장애가 되지 않은 채, 다른 사람의 마인드 속에 있는 이미지들과 생각들을 보고 느낄 수가 있다.

그리고 마인드를 들여다보고 다른 사람의 생각들과 그가 생각하고 본 모든 것들에 대한 그림들을 보고 싶을 때, 초인이 내면의 시각과 청각을 보고자 하는 마인드로 돌리면, 즉시 모든 것이 보인다. 그러나 이전에 말했듯이, 범죄자만이 이런 일을 할 것이고, 초인들은 엄격하게 권한을 부여받은 경우들을 제외하고 이런 일을 하지 않는다. 현대인들은 이런 힘을 가지고 다른 사람들의 비밀들을 들여다보는 것이 범죄라고 보지 않지만, 초인들께서는 그것은 다른 사람의 권리를 침해하는 것이라고 말씀하신다. 심지어 그가 다른 사람의 마인드 속으로 들어가서 그 비밀들을 알아낼 수 있는 그 힘을 가지고 있다 하더라도 그 누구도 그런 권리를 가지고 있지 않는다. 이것은 진리를 추구하는 모든 사람에 대한 롯지의 법칙이고, 만약 그가 다른 사람의 비밀들을 막 발견하려는 상황에 있다면, 그는 그 즉시 그것을 거둬들이고 더 이상 앞으로 나아가지 말아야 한다. 만약 그가 앞으로 나간다면, 제자의 경우 그 힘을 거둬들일 것이다; 어떤 다른 사람의 경우 그는 이런 유형의 절도의 결과를 감수해야만 한다. 왜냐하면 대자연은 그녀 나름대로의 법칙들과 경찰들을 가지고 있고, 만약 아스트랄계에서 중죄를 저지른다면, 우리가 아무리 오랫동안 기다리더라도, 심지어 그것이 천 년이라도, 위대한 법칙과 매수가 불가능한 수호자들이 그

처벌을 실행할 것이기 때문이다. 바로 여기에 도덕과 윤리의 안전 장치가 있다. 그러나 인간이 이 책에서 제시한 철학 체계를 인정할 때까지, 인간의 법칙이 아무런 효과가 없는 그런 영역에서 중죄를 저지른 것이 잘못된 것이라고 여기지 않을 것이다. 그러나 그들은 이 철학을 이렇게 거부함으로써 모든 사람들이 사용할 수 있는 이 위대한 힘을 소유하는 것을 미루는 것이다.

주목하면 유용한 현상들 중에 하나는 물리적인 접촉 없이 사물들을 움직이는 현상이다. 이것을 할 수 있으며, 한 가지 방법 이상으로 할 수 있다. 먼저 육체로부터 아스트랄 손과 팔을 내밀어서 그것을 움켜잡고 움직이는 것이다. 그 사람으로부터 거의 약 3 미터 거리에서도 이렇게 할 수 있다. 이것에 대하여 논쟁을 하지는 않고, 단지 아스트랄 질료와 아스트랄 부분들의 속성들에 대하여 언급을 하겠다. 이것이 영매들이 보여주는 어떤 현상들을 어느 정도 설명해주는 역할을 할 것이다. 거의 대부분의 그런 경우들에서 이렇게 보이지 않는 물질인 아스트랄 손을 사용함으로써 그 묘기가 가능하다. 두 번째 방법은 이미 말한 엘리멘탈을 사용하는 것이다. 그들은 내면의 인간이 지시할 때 극성을 바꿈으로써 사물들을 옮기는 힘을 가지고 있으며, 인도의 고행자나 미국의 어떤 영매들이 겉으로 보기에 아무 지지 없이 작은 사물들을 움직이는 것을 보게 된다. 아스트랄 부분으로 닿을 수 없는 먼 거리에 있는 사물들을 가져올 때 이 엘리멘탈 실체들이 사용된다. 이것은 영매들이 그렇게 하는 것을 모른다는 것을 주장하는 것이 아니다. 그들은 자신들이 어떻게 그런 묘기를 하는지 거의 아는 사람이 없지만 그들의 무지가 그것이 없다는 것을 나타내는 증거는 아니다. 내면으로부터 작용하는 힘을 본 적이 있는 학생들은 이것에 대하여 어떤 논쟁이 필요하지 않을 것이다.

투시력, 투청력 그리고 예지력 모두가 긴밀하게 연결되어 있다. 그것들 중에 어느 하나를 수행하는 것은 동시에 다른 것들 중에 어느 하나를 끌어당기는 것이다. 그것들은 한 가지 힘의 변형들에 불과하다. 소리는 아스트랄 영역을 구분 짓는 특징들 중에 하나이고, 빛이 소리와 함께 가면서, 시각을 청각과 동시에 얻는다. 아스트랄 감각들을 가지고 어떤 이미지를 본다는 것은 어떤 소리가 동시에 있다는 것을 의미하고, 듣는다는 것은 아스트랄 질료 속에 관련된 이미지가 있다는 것으로 추론하는 것을 의미한다. 모든 소리가 동시에 어떤 이미지를 만든다는 것이 오컬티즘을 공부하는 진정한 학생에게는 잘 알려져 있고,

동양에서는 오랫동안 알려져 온 이것을 최근에 서양에서 팽창된 고막에서 소리 이미지들을 눈에 보이도록 만듦으로써 입증되었다. 오컬티즘의 도움으로 그 주제의 이 부분을 아주 깊이 들어갈 수 있지만, 오늘날 이것은 위험한 주제이기에 이 시점에서 자제한다. 어떤 사람에게 일어난 것이 무엇이건, 모든 것들의 그림들과 충분히 잘 표시되어 만들어진 원인들인 다가올 사건들의 그림들이 아스트랄 빛 속에 있다. 만약 그 이미지들이 불명확하면, 미래에 대한 이미지들도 마찬가지이다. 그러나 수 년간 일어날 대부분의 사건들의 경우, 모든 것을 만들어내는 효율적인 원인들이 충분히 명확하게 그려져 있어서 투시가가 그것들을 마치 현재인 것처럼 보는 것이 가능하다. 내면의 감각들을 가지고 본 이런 그림들에 의해서 모든 투시가들은 그들의 이상한 기능을 사용한다. 하지만 그것은 대부분의 사람들 속에서 약간 계발된 것으로 모든 인간에게 공통되는 기능이다; 그러나 모든 사람 속에서 약간 활동하는 이 힘의 씨앗이 없다면 그 누구도 다른 사람에게 어떤 생각을 결코 전달할 수 없다고 오컬티즘은 주장한다.

투시에서 아스트랄 빛 속에 있는 그림들이 내면의 시야 앞을 지나가고 그것들이 안으로부터 눈 속으로 반사된다.

그러면 그것들이 투시가에게 객관적으로 나타나게 된다. 만약 그것들이 과거 사건들이거나 다가올 사건들이면, 그림만이 보인다; 만약 그것들이 실제 일어나는 사건들이면, 내면의 감각에 의해서 아스트랄 빛을 통해서 그 장면이 지각된다. 보통 시력과 투시력을 구분 짓는 차이점은 깨어서 보는 투시력의 경우, 진동이 먼저 두뇌로 전달되고 거기서 육체의 눈으로 전달되며, 그곳에서 망막에 어떤 이미지를 만든다. 이것은 마치 수화기 속으로 보내진 그 목소리가 진동하는 것과 정확하게 회전하는 축음기의 실린더에서 송화구가 똑같이 진동하도록 만드는 것과 같다. 보통 시력에서는 진동들이 눈에 먼저 주어지고 그리고 나서 두뇌로 전달된다. 이미지들과 소리들이 진동에 의해서 생기고 그래서 일단 만들어진 소리는 어떤 소리건 아스트랄 빛 속에 보존되어 내면의 감각이 꺼낼 수 있고 그것을 내면으로부터 두뇌로 전달할 수 있으며 그렇게 해서 육체 귀에 도달하게 된다. 투청력에서 어느 정도 거리에서는 듣는 사람이 귀로 듣지 않고, 아스트랄체 속에 있는 청각 센터로 듣는다. 경우에 따라서, 예지력은 투청력과 투시력의 조합이거나 그렇지 않기도 하다. 그리고 예지력을 가진 사람이 미래 사건들을 보는 빈도는 예언의 기본 원리를 더해준다.

가장 높은 투청력인 영적인 비전은 매우 드물다. 보통의 투시가는 아스트랄 물질의 일상의 측면들과 층들을 다룬다. 영적인 시력은 순수하고 헌신적이며 확고한 사람들에게만 온다. 육체 속에 있는 특정한 기관을 특별하게 계발시킴으로써 그것을 성취할 수 있고, 그것을 통해서만 그런 시력이 가능하며, 그리고 수련과 오랜 기간의 훈련 그리고 최고의 이타주의가 존재한 후에만 가능하다. 모든 다른 투청력은 일시적이고 불충분하며 물질과 환영만을 다루는 단편적인 것이다. 그것이 단편적이고 충분하지 않은 것은 어떤 투시가도 낮은 등급의 아스트랄 질료 중에 하나 이상 들어갈 수 있는 힘을 가지고 있지 않다는 사실 때문이다. 순수한 마인드를 가진 용감한 사람은 어떤 다른 투시가 보다 미래와 현재를 더 잘 다룰 수 있다. 그러나 이 두 가지 힘들의 존재가 우리들 속에 내면의 감각들과 필요한 매개체--아스트랄 빛--가 존재한다는 것을 보여주기에, 인간의 기능들처럼 그것들도 강령회의 소위 "영"들이 만들었다는 그 주장과 중요한 관련이 있다.

꿈들은 자동적으로 진행되는 종종 두뇌 활동의 결과이고, 또한 진정한 인간이 잠자는 동안 본 것들, 생각이나 장면들을 내면의 인간이 두뇌 속으로 전달함으로써 만들어지기도 한다. 그러면 혼이 육체 속으로 가라앉듯이 들어가면서 둥둥 뜬 것처럼 그것들이 두뇌 속으로 잡아당겨져 들어간다. 이 꿈들이 유용할 수도 있지만, 일반적으로 육체 활동을 시작하면 그 의미를 파괴하고, 그 이지미가 왜곡되며, 모든 것이 혼란으로 귀결된다. 그러나 모든 꿈의 가장 위대한 사실은 그 속에서 어떤 존재가 인지하고 느낀다는 것이며, 이것이 내면의 인간이 존재한다는 주장들 중에 하나이다. 수면 속에서 내면의 인간은 높은 차원의 지성들과 교류하고, 종종 얻은 것 혹은 고귀한 생각이나 예언적인 비전을 두뇌에 각인시키는 데 성공하기도 하지만, 두뇌 섬유의 저항으로 실패하게 된다. 또한 어떤 사람의 카르마가 어떤 꿈의 의미를 결정하기도 한다. 왜냐하면 왕은 자신의 왕국과 관련된 것을 꿈꿀 수 있지만, 반면에 시민이 꾸는 똑같은 것은 일시적인 결과를 가지는 중요하지 않은 것과 관련된 꿈일 수도 있기 때문이다. 그러나 욥기에서 말한 것처럼: 꿈들과 밤의 비전 속에서 인간이 가르침을 받는다.

유령들과 복체들은 일반적으로 두 가지 부류들이다. 전자는 아스트랄 껍질 혹은 아스트랄계의 이미지들로 눈에 실제로 보이거나 내면에서 눈으로 보낸 진동의 결과로 그 사람이 외부에서 객관적인 형태를 보고 있다고 만드는 것이다. 다른 것은 살아 있는 사람의 아스트랄체로 의식을 충분하게 혹은 부분적으로 가지고 있다. 심령연구협회들이 이런 법칙들을 알지 못한 채 유령을 증명하려고 하는 수고스러운 시도들이 아무 성과가 없다는 것이 증명된다. 왜냐하면 인정된 20가지 경우들 중에서 19가지가 두뇌에 남겨진 이미지의 구체화이기 때문이다. 그러나 그런 유령들을 보았다는 것에는 의심할 여지가 없다. 최근에 죽은 사람들의 유령들은 객관적으로 보이게 만들어진 그림들일 수 있거나 죽은 사람의 아스트랄체--이 단계에서는 카마 루파라고 부른다--일 수도 있다. 그리고 죽어 가는 사람의 생각들과 힘들이 육체로부터 해방될 때 매우 강력하기 때문에, 어떤 다른 부류보다 더 많은 유령들에 대한 설명들을 보게 된다.

초인은 자신의 유령을 보낼 수도 있다. 그러나 그 경우 그것을 다른 이름으로 부른다. 왜냐하면 그것은 지성을 가진 자신의 의식적이고 수련된 아스트랄체로 구성되고 육체에서 완전히 분리되지 않았기 때문이다.

신지학은 과학이 발견한 물리적인 법칙들을 무시하거나 부인하지 않는다. 신지학은 증명된 모든 것을 인정하지만, 우리가 보통 알고 있는 것들의 작용을 바꾸는 다른 것들의 존재를 주장한다. 보이는 모든 현상 뒤에는 이상적인 기계를 가진 오컬트 우주가 있다; 오컬트 우주는 그것과 관련 있는 내면의 감각들을 통해서만 이해될 수 있다; 그것의 존재를 부인하면 그 감각들은 쉽게 계발되지 않을 것이다. 두뇌와 마인드는 함께 형태를 진화시키는 힘을 가지고 있다. 먼저 아스트랄 질료 속에서 아스트랄 형태들을 그리고 나중에 물질계에서 물질을 부착함으로써 보이게 된다. 객관성은 주로 지각에 달려 있고, 지각은 내면의 자극들에 의해서 영향을 받는다. 따라서 목격자는 그렇게 외부에 실제로 존재하는 사물을 보거나 내적인 자극들에 의해서 만들어진 것을 볼 수 있다. 그래서 이렇게 세 가지 보는 방식이 있다: 가) 어떤 사물에서 나오는 빛에 의해서 눈으로 보는 것, 나) 아스트랄 빛에 의해서 내면의 감각들을 가지고 보는 것, 다) 내면의 이미지를 외부로 던지게 하는 내면에서 오는 자극에 의해서 눈이 두뇌로 보고하게 만들어서. 다른 감각들의 현상도 같은 방식으로 요약될 수 있다.

아스트랄 질료가 모든 생각, 소리, 그림 그리고 진동의 기록자이고, 내면의 인간이 육체와 합동으로 혹은 합동 없이 활동할 수 있는 완전한 인간이기 때문에, 최면, 투시, 투청, 영매 그리고 의식적으로 수행되지 않는 나머지 모든 현상들이 설명될 수 있다. 모든 소리들과 그림들이 아스트랄 질료 속에 있고, 모든 사건, 그것이 아무리 중요하지 않거나 먼 곳에 있더라도, 그 사건의 인상들이 아스트랄 인간 속에 있다; 오컬티즘의 명제들을 알지 못하거나 부정하는 사람들에게는 너무나 이상한 것처럼 보이는 현상을 이것들이 함께 만들어낸다.

그러나 초인들, 요기들 혹은 모든 수련된 오컬티스트들이 만든 현상들을 설명하기 위해서는 화학, 마인드, 힘 그리고 물질의 오컬트 법칙들을 이해해야만 한다. 그것들을 자세하게 다루는 것은 당연히 이 책의 분야가 아니다.

17 장 심령 현상과 심령주의

심령 현상의 역사를 보면 유럽, 미국 및 다른 지역에서 소위 "심령주의"의 기록들이 중요한 위치를 차지한다. 그것들에 영(spirit)과 관련된 것이 하나도 없다는 것을 고려하면, 방금 말한 미국이나 유럽에서 그 어떤 용어도 "심령주의" 용어만큼 컬트에 잘못 적용된 그런 용어가 없다. 이전 장들에서 제시된 가르침은 진정한 심령주의의 가르침이다; 근대 영매들과 소위 강신술사들의 실행방법은 영적 교사들이 항상 금지해온 오래된 강령술, 즉 사자 숭배를 이룬다. 그들은 영적인 개념을 조잡하게 물질화하는 것이고 그 반대 이상으로 물질을 다룬다. 이런 컬트는 약 40년전 미국 로체스터에서 폭스 자매들의 영매 하에서 시작되었다고 어떤 사람들은 가정하지만, 마법에 흥분한 시기에 살렘에서 알려졌고, 유럽에서는 약 100년 전 똑 같은 관행들이 추구되었고 비슷한 현상들을 보았으며 영매들이 발달되었고 강령회를 가졌다. 수 세기 동안 인도에서는 "부타 숭배"로 지칭되는 것이 잘 알려졌으며, 그 의미는 죽은 사람들의 아스트랄 잔여물 혹은 악마와 소통하려는 시도를 나타낸다. 이것이 그 이름이다. 왜냐하면 조잡하고 악마적인 혹은 땅에 속한 인간의 그 부분들을 자극하고 호소하며 소통하는 것이기 때문이다. 그러나 미국에서 40 년간의 오랜 기록의 사실에 대하여 간략한 조사가 필요하다. 이 사실들을 모든 학구적인 신지학자들은 인정한다. 그러나 신지학적인 설명과 추론은 일반적인 심령주의자의 설명들과 아주 다르다. 심령주의 문헌이나 구성원들 속에서 어떤 철학이 나오지 않았다; 신지학을 제외한 그 어떤 것도 진정한 설명을 제시하지 않을 것이고, 오류들을 지적하지 않을 것이며, 위험들을 보여주지 못할 것이면서 동시에 치료법들을 제시하지 않을 것이다.

투시, 투청, 생각의 전달, 예언, 꿈과 비전, 공중부양 그리고 유령의 출현이 오랫동안 알려진 힘들이라는 것이 분명하기 때문에, 심령주의와 관련하여 절실한 질문들은 지구를 떠나서 이제는 육체를 벗어버린 사람들의 혼과의 의사소통 및 육체 속에 있으며 다른 세계에 속하는 분류되지 않은 영들과의 의사소통과 관련된 질문들이다. 아마도 강령회에서 형태로 물현화하는 현상에 대한 질문의 관심을 받을 만하다. 여기서 의사소통이란 트랜스 상태에서 말하기, 판자에 글쓰기, 영매의 목소리를 통해서 말하는 공기 중에서 들리는 목소리 그리고 쓰여진 메시지가 공기 중에서 침전하는 것을 말한다. 영매들은 사자의 영들과 의사소통하는가? 떠난 친구들이 그들이 떠난 삶의 상태를 지각하는가 혹은 우리에게 말하기 위해서 그들이 종종 돌아오는가?

그 대답은 앞 장에서 제시되었다. 떠난 사람들은 여기 있는 우리를 보지 못한다. 그들은 그런 광경이 가하는 엄청난 고통으로부터 벗어난다. 드물지만 가끔 순수한 마인드를 가진, 돈을 안 받는 영매가 트랜스 상태에서 죽은 혼이 있는 상태로 올라가서 거기서 들은 것을 기억할 수도 있지만, 이것은 매우 드물다. 종종 수 십 년이 지나가면서 어떤 고귀한 인간의 영이 잠시 동안 돌아와서 확실한 방법으로 인간들과 소통할 수도 있다. 죽음의 순간에 문이 최종적으로 닫히기 전에 그 혼이 지구에 있는 어떤 친구에게 말할 수도 있다. 그러나 영매들을 통해서 날마다 이루어졌다는 소통의 많은 부분이 아스트랄계에 있는 인간의 비지성적인 잔여물들로부터 오거나 많은 경우에 느슨하게 붙어서 살아 있는 영매의 아스트랄체에 의해서 발명, 편집, 발견 혹은 연어(연결된 단어)로 만들어진 것이다.

사자의 영이 소통한다는 이론에 반대를 제기하게 된다.

1. 신지학 이론이 제시했지만 컬트에서 받아들이지 않은 몇 가지 예들을 제외하고 한 번도 이런 영들이 어떤 현상을 지배하는 법칙을 제시한 적이 없다. 그것은 A.J. 데이비스가 세운 그런 구조를 파괴하기 때문에, 이런 특별한 영들은 평판이 나빠졌다.

2. 그 영들 시이에 서로 일치하지 않는다. 사후 상태를 설명하는데 서로서로 묘사가 다르다. 이런 불일치는 영매와 살아 있는 동안 고인이 가정한 이론들마다 다양하다. 어떤 영은 윤회를 인정하고 다른 영은 그것을 부정한다.

3. 역사, 인류학 혹은 다른 중요한 문제와 관련하여 영들이 발견한 것이 아무것도 없다. 그 분야에서 살아 있는 사람보다 더 낫지 않은 능력을 가진 것처럼 보인다. 그리고 그들이 종종 고대 문명들 속에서 살았던 사람들이라고 주장하지만, 그들은 그것에 대하여 무지하거나 최근 발간된 발견들을 되풀이하는 것에 불과하다.

4. 지난 40년간 그 영들로부터 영매의 계발이나 현상에 대한 어떤 근거를 얻지 못했다. 위대한 철학자들이

영매들을 통해서 말하는 것으로 보도되었지만, 쓸데없는 것들이나 아주 흔한 것들을 말하기만 한다.

5. 영매들이 육체적 윤리적으로 슬픈 결과로 끝나고, 사기로 비난받거나 그 사기가 사실로 드러나기도 하지만, 그 안내하는 영이자 통제자는 그것을 막거나 구제하지 못한다.

6. 안내자들과 통제자들이 속이고 사기를 부추긴다고 인정한다.

7. 영에 대하여 보고된 모든 것을 통해서 그들의 주장과 설혹 있다 해도 그들의 철학이 영매와 살아 있는 심령주의자들 중에서 가장 진보한 사상마다 다양하다는 것이 명백하다.

이 모든 것과 제시된 더 많은 것으로부터 물질 과학에 있는 사람은 자기자신의 조롱 속에서 강화되지만, 신지학자는 의사소통하는 어떤 것이 있다면 그 실체들은 인간의 영이 아니라는 것과 그 설명을 다른 이론에서 찾을 수 있다고 결론을 내린다.

영매의 육체와는 별개로 공기 중에서 어떤 형태의 물현화는 하나의 사실이다. 그러나 그것은 영이 아니다. 심령주의에서 찬성하지 않는 "영들" 중에 하나가 잘 말했듯이, 이런 현상을 만드는 한 가지 방법은 물질이 합쳐진 하나의 덩어리 속으로 전기적 자성적 입자들을 부착시키고 아스트랄계에서 어떤 이미지를 반사시키는 것이다. 이것이 그것의 전부다. 모슬린과 가면의 수집 같은 사기나 마찬가지이다. 이것을 어떻게 하느냐는 다른 문제이다. 영들이 말할 수는 없지만 이전 장에서 방법들과 도구들을 암시하려고 시도를 했다. 두 번째 방법은 살아 있는 영매의 아스트랄체를 이용하는 것이다. 이 경우에 아스트랄 형태가 영매 옆구리로부터 흘러나와서 공기와 같이 있는 사람들의 체들로부터 뽑은 입자들에 서서히 모여서, 마침내 보이게 된다. 종종 이것은 영매와 닮았다. 다른 경우에는 서로 다른 모습을 띤다. 거의 모든 예에서 희미한 빛이 필요조건이다. 왜냐하면 밝은 빛은 아스트랄 질료를 격렬하게 흔들어 놓아서 그 반영을 어렵게 하기 때문이다. 소위 물현화는 텅빈 엉터리이다. 그것들은 아스트랄 빛에서 오는 그림들을 반사하는 전자기적 질료의 평평한 판에 불과하기 때문이다. 이것들은 죽은 사람의 얼굴처럼 보이지만 그것들은 단순한 환영들에 불과하다.

만약 심령주의 역사 속에서 발견되는 심령 현상을 이해하고자 한다면 다음의 것들을 알고 인정하는 것이 필요하다:

1. 육체, 아스트랄체 그리고 혼을 통해서 알고 사고하며 느끼고 행동하는 존재로서 아스트랄적, 영적 그리고 심령적으로 완전한 인간의 유전.

2. 마인드와 그 작용, 그 힘의 성질; 상상력의 성질과 힘; 인상들의 영향과 지속기간; 가장 중요한 것은 가장 사소한 인상뿐만 아니라 가장 깊은 인상의 지속성; 모든 인상은 개개인의 오라 속에서 어떤 그림들을 만든다; 그리고 이것에 의해서 친구들, 친척, 나이든 사람, 새로운 사람이나 가까이 있는 사람 혹은 먼 곳에 있는 사람들의 오라 사이에 어떤 연결고리가 만들어진다. 이것은 투시가에게 폭넓은 범위의 시야를 제시한다.

3. 아스트랄체와 카마라는 용어 속에 포함된 인간의 내적인 아스트랄 기관들과 기능들의 성질, 정도, 기능 그리고 힘. 이것들은 트랜스나 수면으로 활동이 제한되지 않고, 트랜스 상태가 되었을 때 영매 속에서 더 증가한다; 동시에 그들의 활동은 자유롭지 않고 강령회에 앉아 있는

사람들의 많은 생각의 감정이나 지배적인 의지 혹은 뒤에서 주도하는 악마에 의해서 지배된다; 만약 회의적인 과학 탐구자가 있다면, 그의 멘탈 태도가 적합하게 묘사할 용어가 없는 소위 동결과정에 의해서 영매의 힘의 작용을 완전하게 억제시킬 수도 있다.

4. 사후 진성한 인간의 운명, 그의 상태와 힘, 그곳에서의 활동과 뒤에 남겨진 사람들과의 관계.

5. 마인드와 체(아스트랄체) 사이의 중개가 사후에 떨어져버리고 아스트랄 빛 속에서 사라져가도록 남겨둔다; 그리고 진정한 인간은 데봐찬으로 간다.

6. 아스트랄 빛의 존재, 성질, 힘과 기능 그리고 대자연 속에 있는 기록자로서 그 장소. 그것은 모든 사람에게 일어난 모든 것과 모든 생각에 대한 그림들을 유지하고 간직하며 반사한다; 그것은 지구와 그 주위를 관통하고 있다; 그것을 통한 진동의 전달은 지금까지 알려진 전기보다 훨씬 더 빠르기 때문에 실질적으로 즉각적이다.

7. 그 성질상 인간이 아니며 힘과 기능 그리고 일종의 그들 나름대로의 의식을 가지고 있지만 우리처럼 체들을

이용하지 않는 존재가 아스트랄 빛 속에서 존재하고 있음; 이것들은 대자연의 모든 작용과 인간의 마인드의 모든 활동과 관련 있는, 많은 부류로 나누어지는 엘리멘탈 힘 혹은 자연영들을 포함한다. 이 다양한 부문에 있는 이 엘리멘탈들이 강령회에서 자동적으로 활동한다. 한 부류는 그림들을 제시하고, 다른 부류는 소리를 만들며, 또 다른 부류는 사물을 움직일 목적으로 극성을 제거한다. 아스트랄 영역 속에서 그것들과 같이 활동하는 것은 그 속에서 사는 혼이 없는 인간들이다. 다른 현상들 중에서 "독자적인 목소리"의 현상을 이것이 내는 것으로 돌린다. 그것은 항상 나무통 속에서 내는 소리처럼 들린다. 왜냐하면 영과는 멀리 떨어진 어떤 실체에게 절대적으로 필요한 진공 속에서 그것이 만들어지기 때문이다. 이런 종류의 목소리의 독특한 음색을 심령주의자들은 중요한 것으로 알아차리지 못했지만, 그것은 오컬티즘 관점에서 엄청 중요한 것이다.

8. 물질계에서 현상을 만들어내는 데 사용될 수 있는 오컬트 법칙과 힘들이 자연 속에서 존재하고 작용하는 것. 무의식적인 인간과 엘리멘탈들이 이런 법칙들과 힘들이 작용하도록 만들 수 있다. 그리고 이런 많은 오컬트

작용은 추운 날씨에 물이 얼거나 열기에 얼음이 녹는 것처럼 자동적이다.

9. 아스트랄 질료의 성질을 띠는 영매의 아스트랄체는 육체로부터 확장될 수 있고, 육체 밖에서 움직일 수 있으며, 종종 손이나 팔 혹은 다리 같은 그 일부분을 밀어내어 사물들을 움직이거나 글을 쓰거나 육체에 접촉을 만들거나 등등 무수히 많은 것을 만들 수 있다. 그리고 어떤 사람의 아스트랄체가 감각을 느끼도록 만들어서 그것이 두뇌에 전달되어 외부에서 그 사람을 접촉하였거나 소리를 들었다고 생각하도록 만들 수 있다.

영매 상태는 위험들로 가득하다. 왜냐하면 인간의 아스트랄 부분이 육체와 합쳐져 있을 때 그 활동이 정상적이기 때문이다; 먼 미래에 아스트랄체는 아주 먼 과거에 그랬던 것처럼 육체 없이 정상적으로 활동할 것이다. 영매가 된다는 것은 생리적으로 그리고 신경계 속에서 질서가 무너졌다는 것을 의미한다. 왜냐하면 신경계를 통해서 두 세계 사이의 연결고리가 있게 되기 때문이다. 문이 열리자마자 모든 모르는 힘들이 밀려들고, 성질의 조잡한 부분이 우리에게 더 가깝기 때문에, 우리에게 가장 크게 영향을 주는 것이 바로 그 부분이다;

또한 하위 성질이 먼저 영향을 받고 흥분된다. 왜냐하면 사용된 힘들이 우리의 그 부분에서 오는 것이기 때문이다. 그러면 우리는 모든 인간들의 사악한 생각들에 휘둘리게 되고 카마 로카에 있는 껍질들의 영향력 하에 들게 된다. 여기에다 영매가 되어 돈을 받는다면 추가적인 위험이 가까이 있는 것이다. 왜냐하면 아스트랄계와 관련된 것들과 영의 사물들은 팔아서는 않되기 때문이다. 이것이 그 전체 역사를 저하시키고 타락시킨 미국 심령주의의 거대한 질병이다. 그것이 제거될 때까지 어떤 호의가 그 실행에서 오지 않을 것이다. 다른 세계로부터 진리를 듣고자 하는 사람들은 자신들이 진리에 헌신해야 하고 돈과 관련된 모든 것들을 보이지 않게 해야 한다.

단순한 호기심이나 이기적인 목적을 위해서 심령 능력을 획득하고자 시도하는 것도 또한 영매 상태처럼 같은 이유로 위험하다. 오늘날의 문명이 매우 이기적이고 개인적인 요소 위에 세워졌기 때문에, 이런 힘들을 올바른 방향으로 계발시키기 위한 규칙들이 제시되지 않았지만, 지혜의 대스승들께서 다른 계발에 몰두하기 전에 철학과 윤리를 먼저 배워서 실천해야 한다고 말씀하신다; 그리고 다수의 영매들의 계발에 대한 비난은 모든 방향에서 영매들의 오래된 파괴의 이야기인 심령주의 역사가 보여주고 있다.

인간의 진정한 성질에 대한 생각 없이 최면 실험에 몰두하는 과학 학파들의 방식도 마찬가지로 부적절하다. 그들은 최면 실험에서 피실험자들이 평생 상처받거나 불명예스러운 태도들을 하게 만들거나 탐구자의 만족을 위해서 정상적인 상태에서는 결코 하지 않을 그런 것들을 하도록 만든다. 대스승들의 롯지는 과학이 인간의 상태를 윤리적으로 육체적으로 더 낮게 만드는 것을 목표로 하지 않는다면 과학에 대해서는 아무런 관심이 없다. 그리고 과학이 윤리적 영적인 측면에서 인간과 생명을 보지 않는다면, 과학에 어떤 도움도 주지 않을 것이다. 바로 이런 이유 때문에 심령계, 그곳의 거주자들 그리고 법칙들에 대하여 모든 것을 아는 분들은 인간의 내적인 힘들에게 가능한, 이상하며 유혹하는 현상에 어떤 큰 관심을 주기 전에 윤리와 철학의 개혁을 동시에 진행시킨다.

그리고 현재 시대에 주기가 거의 다 지났다. 이제 1 세기 전처럼 그 힘들이 느슨해지고 있다; 바로 그 이유 때문에 심령주의 현상들이 그 수와 양에서 줄어들고 있다; 다음 파도가 일어나기 시작할 때까지 서구 세계가 인간과 대자연에 대한 진정한 철학에 대한 올바른 지식을 어느 정도 얻어서, 베일을 조금 더 올리는 것을 감당한 준비가 될 것이라고 롯지는 희망하고 있다. 이런 방향으로 인류의 진보를 돕는 것이 이 책의 목적이고, 이 세계에 모든 부분에 있는 독자들에게 제시하는 것이다.

윌리암 Q. 젓지 소개
(1851~1896)

윌리암 콴 젓지는 초기 신지학 운동에서 출중한 인물이다. 1875년 24살에, 그는 H.P. 블라바츠키 그리고 헨리 S. 올코트와 함께 신지학회 창립자이다. 그는 1896년 죽을 때까지 다음 20년 동안 열심히 신지학 일을 위하여 계속 일했다. 1886년부터 1896년까지 미국에서 선도적인 신지학 인물로서, 그는 신지학회에서 가장 왕성하게 활동하는 부문을 이끌었다. 그는 세계에서 신지학회의 작업을 위한 고귀한 비전을 끊임없이 추구하였다.

젓지는 프레드릭 H. 젓지와 앨리스 메리 콴 사이에서 1851년 4월 13일 아일랜드 더블린에서 태어났다. 그의 어머니는 일곱 번째 아이를 낳다가 돌아가셨으며, 그의 아버지는 1864년에 여섯 아이들을 데리고 뉴욕으로 이민을 결정하였다. 젓지는 아버지와 함께 사는 동안에 법을 공부하였다. 21살에 미국 시민이 되었고 1872년 5월에 미국 변호사 자격을 얻었다. 그는 1874년 학교 교사인 엘라 M. 스미스와 결혼하였고 1893년 뉴욕으로 이사하기 전까지 브루클린에서 살았다.

젓지의 아버지는 프리메이슨에 깊이 관심을 가졌었으며, 젓지는 종교, 마법 그리고 장비십자회에 관심을 가졌다.

1874년에 심령주의를 찾아보다가 올코트 대령이 쓴 "다른 세계에서 온 사람들"이라는 책을 찾아서, 그에게 영매의 주소를 요청하는 편지를 썼다. 그의 답변으로, 그는 영매를 알지 못하지만 그의 친구인 블라바츠키 여사를 알고 있다고 했으며, 그녀가 젓지에게 방문해줄 것을 요청하였다고 했다.

1875년 HPB와의 만남과 1877년 아이시스 언베일드의 출판 사이의 시간은 젓지에게 진실로 놀라운 시기였다. 그는 신지학회가 형성되는데 활발하게 활동하였고, HPB가 뉴욕에서 사는 동안 공부하며 그녀로부터 배웠다. 나중에 그가 다모다르 K. 마바란카르에게 썼다: "HPB가 중재자로서 모든 것이 고요할 때 종종 늦게 와서 H.S.O(올코트)와 나에게 말한 깨달은 분들의 말씀을 들으면서 보낸 그 영광스러운 시간을 가능하게 만들었다."

그러나 아이시스 언베일드를 출판하기로 계약한 후에, HPB가 항상 그랬듯이 인도로 가야한다고 선언하였다. 올코트처럼, 젓지는 그의 부인과 어린 딸에 대한 의무 때문에 HPB와 같이 갈 입장에 있지 않았다. 그는 엄청 혼란스러워 했고, 거의 1년 동안 HPB를 방문하지 않았지만, 그녀가 인도로 떠나기 전에 그 단절이 치유되었다. 이 기간 동안 혹은 몇 개월 후에, 젓지는 디프테리아로 그의 딸을 잃었다. 이것이 심각한 타격이었고 나중에 인도에 있는 올코트에게 보낸 편지에서 "딸이 떠난 후에 나의 가슴 속에 많은 비애와 동경이 있다"고 썼다.

HPB와 올코트가 미국을 떠난 후에, 젓지는 다양한 투기적 사업에 참여하였다. 1880년 3월 다모다르에게 쓴 편지에서, "나는 지금 환경에서 독립적으로 그리고 부인에게 충분한 돈을 남겨 놓은 채 인도에 가기 위하여 돈을 모으려고 합니다." 애브네 더블데이가 이 시기를 이렇게 묘사한다:

"나는 HPB의 진솔한 요청으로 도움과 조언을 주로 젓지에게 의존하면서 그 회장 자리를 수락하였다; 그러나 셧지가 많은 값이 나가는 주석이 쉽게 채굴될 수 있는 베네주엘라에 있는 채굴 지역을 발견하였다고 생각하였다. 당시 신지학회를 구성했던 개인들에 대하여 아무것도 모르는 내가 경험도 없이 무지한 채 신지학회를 운영하도록 남겨둔 채, 그는 베네주엘라에 있는 캄파나로 갔다.

젓지는 어느 정도 시간이 지나고 이전보다 더 가난하게 비탄에 빠진 채 돌아왔다. 왜냐하면 그의 오랫동안 자리를 비워서 그의 법조계 사업이 망가졌기 때문이다. 이제 그가 신지학회에 더 많은 관심을 기울일 수 있기를 기대했지만, 멕시코에 가는 제안을 받았고, 갑자기 떠났다. 그곳에서 한 사업도 실패하였고, 낙담한 채로 돌아왔다."

베네주엘라에서 그는 차그레스 열병에 걸렸으며, 완전하게 회복하지 못했다. 1883년 남아메리카에서 그의 모험 사업으로 많은 빚을 떠 맡게 되었고 법조 활동을 못하게 되었다. 그는 점차로 이 빚을 평생동안 청산해갔다.

1883년에 그가 신지학회 작업을 다시 시작하였고, 뉴욕의 아리안 신지학회를 설립하는데 주요 역할을 하였다. (그 당시 "아리안"이라는 용어가 "고귀한 자들의 거주처"를 의미하는 산스크리트 단어를 의미하고, "아리아바르타"(인도)의 사람들을 말하는 것으로 평판이 좋았다) 대중의 흥미를 일으키기 위하여 모임을 개최하였다.

젓지는 인도로 가서 거기서 상당한 시간을 보내기를 계속 원했다. 그가 결국 인도로 가긴 했지만, 거기서 많은 시간을 보내지 못하고 뉴욕으로 돌아왔다. 뉴욕으로 돌아와서 올코트 동생이 일하는 법률사무소에서 일하기로 했다. 그는 사망하기 2년전까지 계속 일했다. 뉴욕에서 안착하고 나서 그는 신지학을 알리는 데 그의 에너지를 쏟아부었다. 1886년에 젓지는 아더 게브하드와 "도(The Path)" 메거진을 시작하였다. 나중에 이것은 신지학회 미국 지부의 공식 기관지가 되었다.

젓지가 24살에 HPB를 처음 만났을 때와 그가 그녀에 대하여 가진 생각을 보면 어떤지 알 수 있다:

"진실로 그녀를 처음 만난 1875년 이후 모든 여러 해 동안, H.P. 블라바츠키로 알려진 유한한 겉옷으로 가장한 채, 나를 언제나 신뢰하고, 언제나 친절하며, 언제나 스승이자 안내자였던 그 친구에게 내가 신의를 지켜온 그 카르마가 행운이었다.

1874년 뉴욕에서 나는 H.P.B.를 이번 생에 처음 만났다. H.S. 올코트 대령을 통해서 보내진 그녀의 요청으로, 어빙 플레이스에 있는 그녀 방에서 그 부름이 이루어졌다. 그 당시 그리고 그 이후 내내, 그녀의 폭풍 같은 삶 내내, 그녀는 불안해하는 사람, 지성인, 보헤미안, 부유한 사람 그리고 가난한 사람으로 둘러싸였다. 나를 이끌었던 것은 그녀의 눈으로, 오래전에 지나간 여러 생에서 내가 틀림없이 알았던 사람의 눈이다. 그녀는 그 첫 대면에서 나를 알아보듯이 보았고, 그 이후 그 시선이 결코 변하지 않았다. 철학을 묻는 질문자가 아니라, 학파와 기발한 이론이 흐리게 만든 빛을 어둠 속에서 더듬어 찾아가는 사람이 아니라, 삶의 여러 모퉁이를 지나면서 많은 기간 동안 방황하면서 일을 하기 위한 설계가 숨겨진 곳을 보여줄 수 있는 친구를 찾는 사람으로서, 그녀 앞에 왔다. 그리고 그 부름에 진실하게, 그녀가 다시 한번 계획을 드러내 보이면서 반응했고, 설명하는 말없이, 간단히 그것을 가리켰고 그 작업을 계속해갔다. 그것은 마치 하나의 공통 목적을 가지고 시작한 어떤 과제의 세부 사항을 남겨놓은 채, 헤어지기 전 저녁 같았다. 스승과 제자, 형제로, 둘 다 단 하나의 목적에 열중하였지만, 그녀는 사자와 성인만이 가진 그런 힘과 그런 지식을 가졌다. 그렇게 처음부터 친구였고, 나는 안전하게 느꼈다."[7]

HPB가 1888년 4월 3일에 신지학회 미국 지부에 젯지

---

7 윌리암 젯지, [죽음과 그후까지 그대 친구, H.P.B.]

에 대하여 보낸 편지를 전체 컨벤션 앞에서 낭독해줄 것을 요청한 내용을 보면 이렇다:

"그녀는 젓지는 미국에 있는 신지학회의 "혼이자 심장"으로 불렀으며, 신지학회가 1888년에 존재하게 된 것이 바로 전적으로는 아니더라도 주로 당신 때문이다."

다시 1889년 10월 23일에 젓지와 미국에서의 작업에 대하여 쓴 편지에서, 그녀는 그를 "*여러 겁 이후 그녀의 일부분*으로 . . . 두 *마나스*, 미국인 사상과 인도인---오히려 히말라야 너머---비의 지식 사이의 안타스카라나 (다리)"로 말했다.

1889년에 HPB는 젓지를 런던으로 불러서 같이 "에소테릭 부문"에 대한 예비 정관과 규칙을 작성하였다. 이후에 젓지가 미국의 에소테릭 부문을 이끌었다.

젓지는 신지학 작업을 계속하였지만, 차그레스 열병과 합병증으로 결국 치명타를 받았다. 윌리암 젓지는 1896년 3월 21일 45번째 생일을 얼마 남기지 않은 채 사망하였다. 그의 마지막 유언은: "침착해야 한다. 고수하고, 천천히 가라."

미국 건축가, 작가이자 신지학자인 클라우드 브래그돈은

졋지를 이렇게 요약한다:[8]

"어떤 인물도 최근이지만 이미 먼 과거의 흐릿한 불확실한 상태에서 이 잘생긴 아일랜드 미국인 보다 더 실재감을 가진 사람이 떠오르지 않는다. 그리고 대망의 온실이었던 어떤 운동에서 어느 누구도 그렇게 짧은 시간에--압박이 가해질 때--졋지 만큼 그런 힘, 역량, 통찰력을 계발시킨 사람이 없다고 괴감하게 말한다."

모든 증거는 별개로 하더라도, 그가 대스승의 직접적인 지도 아래 있었다는 충분한 증가가 있다. 어느 한 초인께서 그에 대하여 말씀하였다: "*실재*가 그에게 올 때, 다른 사람들은 의심하고 추측하지만, 그는 그것을 잘 안다." 같은 다른 편지에서 그를 이렇게 말한다: "그는 모든 *첼라(제자)*들 중에서 가장 많이 고통 받았지만 가장 적게 요구한 혹은 심지어 가장 적게 바란 제자였다."

그는 드물고 아름다운 사람으로, 실천적 신비가였다. 그의 동료들에게 준 그의 마지막 메시지 중에 하나는 그들이 실제 경험으로 배워야 하고, 그러면 오컬트 계발이 매일매일의 작은 의무들을 꼼꼼하게 수행하는 속에서 가장 빠르게 가장 안전하게 온다는 것이었다.

---

8 클라우드 브래그돈, [쓰이지 않은 역사의 에피소드], 1910.

그가 남긴 흔적을 보면,

- 파탄잘리의 요가수트라 금언 (1889)
- 동양의 메아리 (1890)
- 나를 도와준 편지들 (1891)
- 신지학의 대양 (1893)
- 도(The Path)
- 수많은 단편들

신지학의 대양
(THE OCEAN OF THESOPHY)

발　행 : 2022 년 08 월 12 일
저　자 : 윌리암 Q. 젓지
펴낸이 : 주식회사 부크크
출판사등록 : 2014. 07. 15. (제 2014-16 호)
주　소 : 서울특별시 금천구 가산디지털 1 로 119 SK 트윈타워 A 동
305 호
전　화 : 1670-8316
이메일 : info@bookk.co.kr

ISBN : 979-11-372-9163-8

www.bookk.co.kr